メンター
BOOKS

課長ビギナーの
FAQ

Frequently Asked Questions

東レ経営研究所 特別顧問
佐々木常夫

朝日新聞出版

はじめに

あなたはいよいよ課長になったのですね。

会社員人生の節目となる、初めての管理職という大役に、希望で胸がいっぱいかもしれません。もしくは、「管理職なんて、やるだけ損」という思いから、これから始まる会社員としての第二ラウンドに大きな不安を抱えて、この本を手に取った人もいるでしょう。

たしかに、ここ十数年の日本経済を取り巻く状況の変化で、管理職になることを喜ぶ余裕も大きく失われてきました。自分の仕事は増える一方。さらに部下の面倒まで見なくてはいけない。もちろん、何か問題が起きた時の責任も、大きくあなたの肩にのしかかってきます。そのため、管理職になることを辞退して、一生、ヒラ社員としての道を歩むことを選択する人もいるそうですね。

でも、チャレンジもせずにそう考えるのは早過ぎます。なぜなら、課長クラスの役職は、現場の仕事に手を突っ込みながら多くの部下たちをマネジメントできる、やりがいの大きな仕事だからです。さらに言えば、自分も部下も成長する絶好の機会でもあるのです。

私の場合も、課長になった時が人生のターニングポイントでした。

新卒で入社した東レ株式会社で、初めて管理職、つまり課長となったのは39歳の時です。

しかし、喜びをかみしめる間もないまま、まもなく妻が急性肝炎で入院。その後うつ病も併発し、以来、40回以上の入退院を繰り返すことになりました。我が家には、自閉症の長男をはじめ3人の子どもがいたので、妻にかわって小さかった子どもたちの面倒を見るために、毎日必ず夕方6時には会社を出なくてはいけなくなりました。まだ、「仕事にプライベートを持ち込むな」という考えが当たり前だった時代。しかも、社内でもとくにハードワークで知られる部署で、役職に就いたばかりという不安もありました。

でも、そうした時期にちょうど課長になれたことは、今思うと幸運だったのかもしれません。会社のなかの一番小さな単位とはいえ、課長は一組織のリーダー。上司の指示で動く現場の一社員だった時と違って、自らの手で自分のチームを改革できる立場だったからです。

今ではよく耳にするようになった「ワーク・ライフ・バランス」という言葉ですが、当時の私は、ちょっとでも気を抜いて「ワーク」と「ライフ」のバランスが崩れてしまえば、仕事も家庭もあっという間に破綻してしまうような状態でした。

そこで、両者をなんとか立ちゆかせるために、死にものぐるいで行ったのが、「仕事の効率化」でした。

業務のプライオリティーを明確にし、計画のもとに実行する。しかも部下も含めて、仕事は定時で終わらせる。そんな改革にチーム一丸で取り組んだ結果、社内でももっとも残業時間が多かったその課は、1年後に残業時間がほぼゼロとなり、同時に成果を挙げることにも成功しました。

本書でご紹介する仕事術は、こうした改革を進めていくなかで生まれたものです。無我夢中で決行した改革でしたが、自分はもちろん、成長した部下たちを目の当たりにして、私はチームで働くことの喜び、また仕事をする喜びをつくづく実感しました。

「どんな運命も引き受ける」

そんな決意を持って生きてきた私ですが、「なぜ自分ばかりこんな目に」と自暴自棄になりかけたことも一度や二度ではありません。

でも、そんな時に心の支えになったのが、仕事を通して得た「自己実現」の実感でした。また、家族の病気によって、弱い立場の人に目を向けることの大切さを教えられ、その視点はやがて部下全員を愛するという、リーダーとしての人間力の成長にもつながっていったと思います。

管理職の仕事は、さまざまなバックグラウンドや考えを持った部下たちを成長させ、チームとしての成果を出すことです。人間相手の仕事ですからマニュアルはなく、世の中にあるチームの数だけ答えがあるという難しい仕事です。でもそれだけに、結果を出すことができた時の達成感も大きい。そしてこうした経験は、いつか必ず、人としてのあなたを助けてくれるはずです。

本書をまとめるにあたり、事前にさまざまな企業の課長にアンケート調査を行い、抱えている仕事の悩みを寄せてもらいました。その問題を解決するための、心の持ちようや具体的な対策を、私が経験を通して答えるという形式でまとめました。

寄せられた悩みのなかには、「忙しい」「時間がない」といった声が数多くありました。

多くの企業では、人員削減などを行った結果、会社全体で1人の社員がやるべき仕事は増大しています。とくに、課長などの管理職がプレーヤーを兼ねてしまえば、仕事の容量をオーバーするのは当然です。また、会社の仕事は、時間をかければかけるほど、必ず結果に結びつくというわけではありません。

しかし、仕事を計画的に進めて無駄を省くことで、必ず「余裕」は生まれます。余裕ができれば、部下やチームのマネジメントに頭と時間を費やすことができるのです。

かつて私が、課の仕事の改革を進めて効率化を成し遂げられたように、管理職がじっくりと部下たちを育てながら結果を出すしくみは、どんな時代にも、どんな会社にも必ずあります。そしてそれを実行するのは他でもない、管理職のあなたしかいないのです。

そこで本書ではまず、第1章で、課長の心構えと自分の仕事を効率化するための仕事術についてお話しします。自分自身の仕事も回らないようでは、部下の管理はできません。そして第2章では、部下のマネジメント術をご紹介します。部下たちの仕事に手を突っ込み、指導・育成することでチーム力のアップを図ってください。最後の第3章では、部下と信頼関係を築き、部長や本部長といった上司を味方につけるためのコミュニケーション術についてアドバイスをします。

あなたは今、課長という名の管理職として、第二の会社人生を踏み出したばかり。本書がこれから先、何か苦難にぶつかった時に開いてもらえる、そんな課長のためのバイブルとなることを願っています。

Contents
課長ビギナーのFAQ

●モチベーションを上げる

第2章 「部下」をマネジメントする

●効率をアップさせる

個々の力を引き出す

効果的に褒める・叱る

チーム力を上げる

リスクと向き合う

第3章 「コミュニケーション」を極める

部下と信頼関係を築く

第1章

自分を「課長」に切り換える

Q ヒラ社員と管理職、何が変わりますか？

A 果たすべき「役割」が変わります。人を動かして結果を出すのが仕事。

管理職になって何が変わるか？ と問われれば、「すべてが変わる」といっていいでしょう。まず、制度上の正式な部下ができる、役職手当が付く、残業代が出なくなるなど、目に見える変化があります。そして、**何より大きく変わるのは、その役割です。**

管理職になる以前の仕事は、上司の指示にしたがって業務を遂行することだったと思います。それに対して管理職とは、「組織を構成する全員の和を最大化する人」「部下を管理監督してその成長を果たす人」。つまり、**人を使って結果を出すこと**が役割となります。

会社という組織のなかでは、１人がどれだけ頑張っても、チームとしての成果が出ないことがしばしばあります。個人の努力はもちろん必要ですが、その個人と個人を組み合わせ、チームとして結果を出すマネジメントをする人が必要になります。

組織というのは一人ひとりの強さを引き出し、弱さをカバーできる。それによって、10人のメンバーが12人分の仕事をしたり、15人分の仕事をしたりすることも可能になります。個人がいくら頑張っても報われないチームか、個人の頑張りが何倍もの成果となって返ってくるチームか。**その分かれ道の鍵を握るのが、管理職です。**

管理職になっても仕事ばかりが増えて残業代はカット、そのかわりわずかばかりの役職手当が出て、それでおしまいという会社もあるようですが、そうした会社は、管理職の役割を勘違いしているのです。結果的に、管理職は本来の務めを果たさなくなる。そんな悪循環も生まれます。

管理職になると人生が変わる

アメリカでは、管理職になると給料が2倍になる会社もあります。管理職は残業代が出なくなるため、部下より給料が安くなってしまう「ねじれ」を防ぐためでもありますが、それより、チームをマネジメントするという管理職の役割に、それだけ重きを置いているということです。

役割が大きく変わるわけですから、**これまで組織の一員として優秀だった人が、管理職としても優秀かどうかは別の話**です。

指示されたことをきちんとこなしてきて優秀といわれた人が、管理職になったとたん、大きな壁にぶつかったり、反対に管理職になる前はその能力がなかなか発揮できなかった人が、課長になってめざましく成長していくこともあります。

このように、管理職になることは会社人生ががらりと変わる大きな節目。いえ、あなたの会社人生のなかで、一番の大きな節目といってもいいかもしれません。

そうした認識や覚悟もないまま、突然に管理職の辞令を受けたような場合は、新しいミッションに対応していけるのか、戸惑う人も出てくるでしょう。研修などで入念に準備して、新しい管理職としての道を究めたいと思う気持ちもわかります。

● いつも自分の上にいた、管理職から学べ

でも私は、**管理職になるための研修や教育は不要**と考えます。なぜならあなたは、入社以来ずっと、管理職のもとで働いてきたじゃないですか。組織に属しているたいて

いの人が、管理職の仕事を毎日のように見てきたでしょう。どのような管理職のもとが働きやすかったのか、結果が出せたのか。あなたは何度も経験してきたはずです。

私は39歳で課長になった時、３週間の研修を受けました。みんなでゲームをやった記憶しか残っていません。それよりも入社以来、**間近で見てきた自分の上司から学んだことのほうが、よっぽど課長としての幅を広げてくれた**と思います。

たとえば、あなたが子どもの頃、大人とはどんなものだと思っていましたか？　そして、大人とは何かをどうやって知りましたか？　誰かに「大人とは」というレクチャーを受けた人はいないでしょう。親やまわりの大人たちを見て、「大人とはこういうものだ」と、長い時間をかけて意識せずに学んでいったはずです。

そんなあなたが成人になった時、改めて大人とは何かを勉強したり、今日から自分はどうやって生きていけばいいのかと、思い悩んだりはしなかったでしょう。

管理職になることは、まさに会社人生における成人式のようなもの。子どもが成人するのと同じように、あなたはこれまでずっと、**近くにいる自分の上司を見ながら、管理職になるための準備を知らず知らずのうちに続けてきたのです。**

身構える必要はありません。自分の役割が、それまでとは大きく変わったことだけは肝に銘じ、着任の挨拶（20ページ）に臨んでください。

課長になったらこれをする

Q 課長とは具体的に何が仕事なのでしょう。

A まずは課の運営を極める、「4つの仕事」を押さえましょう。

管理職の最大のミッションは、**チーム全体をまとめて、よい結果を出すこと**です。管理職の仕事は、管理職以前の仕事とはまるで違います。

では、課長とは具体的に何をすればいいのでしょう。私は、大きく次の4つと考えています。

① 方針・計画を作る

課が目指す方向を明確にして、その方針をもとに短期、中期、長期の計画を作る。進捗状況をチェックし、確実な計画遂行に導く。

②部下とチームを育てる

部下が抱える問題の解決に向けて指導し、部下それぞれの能力をフルに発揮させて、チーム全体で大きな力に転換する。

③コミュニケーションの橋渡しをする

現場で起こっていることを経営側に的確に報告。その一方で、トップからのメッセージや会社の方針などを部下に的確に伝える、コミュニケーションの仲介者になる。

④チームとして実績を残す

右の３つを実現することで、チームとして優れた実績を残す。

課長の仕事は決して簡単なものではありません。なぜなら部下という「人」を扱う仕事にマニュアルはなく、**その場その場であなたの「人間力」が問われるからです。**

とはいえ、私の会社人生を振り返ってみても、課長の職ほど面白く、やりがいのある仕事はなかった。まずはできるところから、一つひとつ課題をクリアしていくことです。

Q 着任して最初にすべきことは何ですか？

A 着任初日の挨拶が重要。方針や仕事観を語ってください。

着任初日、新米の課長がまずすることは、**着任の挨拶**です。これからの仕事ぶりを見てもらえばいいのだと、この挨拶を簡単に済ませる人もいますが、ここはきっちりと準備して、心して臨んでください。着任直後の挨拶は、**あなたの存在を部下たちにアピールする、重要な機会なのです。**

自分自身が部下だった時のことを考えれば、心当たりがあるでしょう。

部下たちは、新しい上司が着任してくると、初めの1～2カ月は注意深く観察し、ひとたび「こういう人」と思ってしまえば、上司の言動をチェックすることが少なくなります。部下があなたに下す「ジャッジ」は、一度固まってしまうとそう簡単には変わりません。何事も最初が肝心なのです。

着任の挨拶では、抽象的な「志」ではなく、**具体的な仕事観や方針などを語る**ことをお勧めします。

私は、新しい部署に管理職として着任するたび、部下たちに**「仕事の進め方10か条」**というものを示してきました。これは、部下にいつも心に留めて仕事をしてもらいたい10のルールを明記したものです。

それはこんな内容です。

①計画主義と重点主義

まず、仕事の目標設定→計画策定をし、かつ重要度を評価すること。自分の在籍期間、今年・今月・今週・今日は何をどうやるのか計画すること。すぐ走り出してはいけない。優先順位をつける。

②効率主義

目的を十分に踏まえ、どのやり方が有効か判断し、できるだけ最短コースを選ぶこと。通常の仕事では拙速を尊ぶ。

③フォローアップの徹底

自ら設定した計画のフォローアップをすることによって、自らの業務遂行の冷静な評価を行うとともに、次のレベルアップにつなげる。

④結果主義

仕事はそのプロセスでの努力も理解するが、その結果で評価される。

⑤シンプル主義

事務処理、管理、制度、資料、発言、メールなどはシンプルをもって秀とする。優れた仕事、優れた会社ほど、シンプルである。複雑さは仕事を私物化させやすく、後任者あるいは他者への伝達を困難にさせる。

⑥整理整頓主義

整理整頓は仕事のスピードアップにつながる。整理ができていなければ、資料を探すロスの他に、見つからずに結局、一から仕事をスタートするという愚をおかす。

⑦常に上位者の視点と視野を持つ

自分が課長なら、部長ならどうするかという発想での仕事の進め方は、仕事の幅と内容を豊かにし、自分および組織の成長につながる。

⑧自己主張の明確化
自分の考え方、主張を明確に持つとともに、他人の意見をよく聞くこと。自分の主張を変える勇気、謙虚さを持つこと。
⑨自己研鑽
専門知識の習得に努めるとともに、他部署、社外へも足を運ぶこと。管理スタッフならば、管理会計程度は自分で勉強し、身に付けておくこと。別の会社に移っても通用する技術を習得しておくこと。
⑩自己中心主義
自分を大切にすること↓人を大切にすること。楽しく仕事をすること。健康に気を付けること。年休を取ること。

さあ、いかがです？　新しい上司として、着任早々こんなメッセージを発信したら、あなたへの期待感は高まるはずです。
この「仕事の進め方10か条」を参考にしながら、**あなたも自分なりのルールを作ってみましょう。**あなたが考える課の方針や仕事観をしっかりと伝え、初日から部下たちの興味を引き寄せてください。

Q 課長の仕事と現場の仕事、どちらに重きを置くべきですか？

A プレーイングマネジャーにはなるな。チーム管理があなたの務めです。

産業能率大学が2010年、従業員1000人以上の上場企業に勤める課長約400人を対象に調査を行ったところ、「プレーヤーとしての仕事がまったくない」と答えた課長は、全体のわずか1・4％だったといいます。プレーイングマネジャーをしている課長にその理由を尋ねると、たいていは似たような答えが返ってきます。

「だって昔と違って人が少ないんだから、自分もプレーせざるを得ないですよ」

たしかに企業の人員削減で1人あたりの仕事量は増加しているかもしれません。とくに人海戦術も必要となる現場仕事の場合は、一番下の管理職である課長クラスも、現場に出て一メンバーとしてプレーしなければ、仕事が回っていかない状況もあるでしょう。

とはいえ、そんな厳しい状況だからこそ、あえて私は言いたいと思います。

管理職の仕事は、**部下の能力を最大限に引き出し、チームとしての結果を出すことであって、決して自らプレーをすることではない**のです。

管理職の新人といえる「課長」の場合はなおさらです。これにはいくつか理由があります。まず課長は、**どの管理職と比べても、直接向き合いまとめるべき部下の数が格段に多い**ことです。

たとえば部長クラスであれば、課長クラスの部下４〜５人を管理するのが普通です。ところが課長はどうでしょう。多い場合は、十数人の部下がいることも珍しくありません。しかも、ある程度社内で選ばれてきた課長を統括する部長と違って、課長の下にいる部下たちは、経験が浅い上、その能力や性格も多種多様です。

同じ指示を出しても、きっちり成し遂げる部下もいれば、できない部下もいる。また、雇用形態もさまざま。こうした多様なメンバーで構成されたチームをまとめ上げるのは、容易なことではありません。メンバーそれぞれの特性を十分把握した上で、能力に合った指示を出す必要があります。つまり課長クラスは、部長クラスより**「管理」の仕事が質量ともに多い**のです。

ましてや、現場仕事と同時にやろうとすれば、仕事の絶対量は倍増します。現場の仕事は、すぐに結果を求められるものも多いので、多くの人はそちらを優先してしまう。あなたの本来の仕事であるマネジメントがおろそかになって当然です。

しかし、何度も言うように、管理職の使命は、チームを管理すること。これでは、その肝心な仕事を放棄していることになります。効率化を図るための仕事術や部下の育成・指導術は第2章（86ページ〜）で紹介しますが、あなたが現場から抜けたとしても、部下の仕事が増えない戦略を練ることが重要です。そうしてチームとしての結果を出せば、あなたが「プレー」しなくても、誰からも文句は言われません。

「自分がやったほうが楽」という考えを捨てる

もしかしたらあなたのなかに、**自分が現場で結果を出すことで、うまくいかないマネジメントを帳消しにしてもらおう**という気持ちはありませんか？

私自身も、課長時代は「プレー」が好きでした。現場の仕事は、それまで長年やってきたホームグラウンドのようなもの。「管理」というアウェイな仕事より、よっぽど自信を持って取り組めるだけでなく、実際にそれなりの結果を出すこともできます。

「部下に指示するより、自分でやってしまったほうがどんなに楽か」

管理職になってから、そう思ったことも数え切れないほどあります。

でも、そんなプレー好きの虫が騒ぐたび、私の使命は何かと自問自答して、出しかけた手をそっと引っ込めました。管理職である自分の仕事は、部下の一人ひとりを仕事を通して成長させ、チームとしての結果を出すことに尽きる。指示を出すより自分でやったほうが簡単だからと、**部下がやるべき仕事をあなたがやってしまっては、部下の成長のチャンスを奪うことになる**のです。

「管理職が管理だけしていていい時代ではない」

あなたは、そう反論するかもしれません。でもそんな時代だからこそ、効率よくチームを動かす管理職の力量が問われています。そしてそれは、現場の仕事をしながら片手間でできる仕事では絶対にありません。

今すぐ、チーム管理に気持ちをシフトしてください。もし、「管理職になって仕事が2倍になってしまった」と嘆いているのなら、**その原因があなた自身にあることを自覚してほしい。**仕事の効率化を図り、過酷な仕事環境を改革できるのは、あなた自身なのです。

Q 預かった課の現状を手早く把握したいのですが。

A 個別面談で「事実」をつかむ。若手から話を聞くのがコツです。

あなたはいよいよ、課長として着任したのですね。まずは、現場の状況を把握することから始めなくてはいけません。課にとっての重要な課題は何なのか、チーム内で部下たちが担う役割は何なのか。そうした**課の「事実」を把握する**のです。

京セラの創業者として知られる稲盛和夫さんは、社内を6～7人のチームに分けて採算目標を掲げ、社員一人ひとりの意識改革を行う「アメーバ経営」と呼ばれるユニークな経営手法でも知られています。その稲盛さんが日本航空の会長に就任してまず行ったことは、現場で何が起こっているのかという「事実」の把握でした。

たとえば、羽田からある都市への路線が赤字だとします。それまでは2カ月後にその路線全体の収支が出ていましたが、稲盛さんは朝の1便、2便ごとの収支を「事前に」つかむようにしました。もし朝の1便の乗客予約がその機種の定員の半分しかなかったら、小型の機種に替えて燃料を節約し、乗務員の数も減らしてコストダウンします。便ごとの収支を見て赤字の便をなくしていくという手法で、日航の立て直しを成功させました。稲盛さんは特別な経営改革をしたわけではなく、赤字の原因は何なのか、現実を正しく把握し、それを解消していっただけなのです。

これは、課の経営にも応用できる手法です。チーム全体の業績を見るのではなく、細部に潜む「事実」を把握して、立て直しを図っていくのです。

気持ちよく話せる話題を振って、話を引き出す

着任した課の実態を最初に教えてくれるのが、**部下との1対1の面談**です。この面談にはちょっとしたコツがあります。**若い部下から順番に聞いていく**のです。

ベテランになればなるほど、他の人が何を言ったのかを気にして、本音を言わなくなるというのが世の常でしょう。

一方、若い部下は背負っているものが少ないだけに、現場の不満や問題点を好き放題言ってくれることが多い。しかも、あなたという新しい課長が着任したことで、課が改革される絶好の機会になると期待しているかもしれません。となれば、これまでの不満や、肌で感じている問題点などをどんどん話してくれるでしょう。

若い部下たちの言いたい放題を土台にすると、**ベテランの本音も引き出しやすくなります。**現場で起こっていることを教えてくれる、重要な情報源となるはずです。

この面談も、人間相手のマニュアルのない作業で、あなたの人間力がものをいいます。組織を強いものにしていこう、部下を成長させよう、といった気持ちがあなたにあるかどうかがポイントで、それさえあれば部下の素直な気持ちを引き出せるでしょう。

これには、虚心坦懐、**聞き上手になることが第一**です。そして、部下が話したいという気持ちになるような雰囲気を作ります。部下の話に熱心に耳を傾け、相手の目線に合わせて話をする。**あなた自身も心を開いて、部下から学ぼうという謙虚な気持ちを持つのです。**

たとえば質問。「将来、この課がどのようになればいいと思う?」とか「今の君の悩みは?」など、部下が話しやすい話題を振るようにします。若い社員であっても、仕事に対する意見や希望は持っているし、誰かに聞いてもらいたいと思っているものです。現在進行形の仕事については、関係者への気配りも必要になります。

また、「君が住んでいる区は保育園の激戦区だね」など、あまり踏み込みすぎないレベルで、家庭のことを聞いてみてもいいでしょう。要は、相手が気持ちよく話したくなる話題を振ることが大切です。

過去の資料が行くべき道を教えてくれる

もう1つ、現場の「事実」を把握するには、**その課に残っている過去の資料をひもとくことも有効**です。会社には、報告書やら日報やら、その課が今までどんな道を歩んできたのかを教えてくれる資料が、山のように眠っています。

これらはいわば、課の「財産」のようなもの。「事実」把握のために、使わない手はありません。さらに最近は、過去の資料をデジタル化する会社も増えています。ますます検索がしやすくなり、資料たちはあなたが閲覧してくれるのを待っています。

詳しくは45ページで説明しますが、こうした過去の資料は、**今すぐには役立たなくとも、将来あなたが何かに迷った時に、決断のヒントをくれることが多いものです。**その時に備えて、どんな資料が残っているのかを把握しておくことも必要です。

Q 前任者からの引き継ぎで気を付けるべきポイントは？

A 引き継ぎ内容を鵜呑みにしない。自分の目で確認した上で評価を。

引き継ぎで気を付けたいのは、**前任者の話を「そのまま受け取らない」ということ。**

本来ならここで、前任者が把握している「課の事実」を引き継ぐべきですが、前任者が「事実」と思い込んでいることが、他の人にとっては「正しい事実」ではなかったということもよくあります。**事実とは、人の主観に左右される部分も大きい**のです。

もっとも注意しなくてはいけないのが、**前任者の人事評価**です。

管理職に昇進すると、前任者の人事評価をそのまま受け入れてしまう人がいます。

これからあなたが、次長、部長と昇進していく場面でも、すぐ下のポジションにいる人が下した人事評価を、そのまま「事実」と受け止めてしまいがちです。

でも、そうした他人の下した人事評価は、一応は聞いておくくらいにとどめ、むしろ聞かなかったことにしたほうがいい。人が人を評価するというのは、好き嫌いや思い込みが入り、大変難しいことです。

どれだけ客観的な目でジャッジしようとしても、どうしてもその人の好みや感情が、首をもたげてしまう。「事実」を引き継いだつもりが、結局、前任者の「好み」を引き継いでいた、ということもよくあるのです。

そこで、面談などで**一人ひとりの話を聞いたあなた自身が、改めて人事評価を行うことが鉄則**です。リーダーとして大事なことは、「現場の事実」が何かを把握すること。しかも、これまでのあなたの仕事とは違い、今日からは部下たちがどう動いてくれるかが、あなたの仕事の結果を左右するようになります。そんな大事な部下たちを、他人の「好み」で評価してはいけません。

課を取り巻く、業務上の状況なども同様です。**前任者の話は「事実」を把握するための「ヒント」程度にとどめ、**できるかぎり過去の資料を当たるなどして、自分の目で「事実」を確認してください。

Q 経験のない部署で管理職。わからないことが多すぎます。

A 社内の専門家と部下が情報源。謙虚な姿勢で教えを請うことです。

人事というのは不思議なもので、「なぜ自分がこの課に?」という、不本意な異動を命じられることが多々あります。大きな配置転換の場合は、本人の予想通り、**十分納得できる部署に異動できたというほうが、むしろ少ない**くらいです。

しかもあなたは、これまで経験したことのない、予想外の部署の、それも課長として配属された。戸惑うのも無理はありません。とはいえ、ここで意気消沈していては何も始まりません。もっと自信を持ってください。あなたはこれまで、現場の社員として、少なからずキャリアを積んできた。だからこそ、課長に抜擢されたのです。

仕事を数年続けてきた人なら誰でも、若い社員にどう接するか、事が起きた時にどう対処するか、知らず知らずのうちにビジネスパーソンとしての原理原則を自分のなかに蓄積しているはずです。そんな現場で培ってきた原理原則さえ持っていれば、仕事なんてどのようなところに変わっても関係ない。経験のない課どころか、経験のない別の会社でもやっていけるというのが、私の持論です。私自身も、営業課長になった時は、営業で働いた経験がありませんでした。

●社内の「専門家」は生きたデータベース

ただ、慣れない部署を管理職として動かしていくためには、少しばかり**情報収集も必要**です。そこで私は、営業課長の内示をもらってすぐ、着任前に、当時社内で「営業のプロ」「営業の神様」と呼ばれていた5人に、話を聞かせてもらうことにしました。「私は営業の経験がありません。あなたは営業の神様と聞きました。私に営業とは何かを教えてください。30分でいいです」

5人とも会ってくれました。短い人で1時間、長い人では2時間半も割いて、営業とは何かをレクチャーしてくれたのです。目からうろこの貴重なアドバイスもたくさんもらいましたが、共通した話がありました。それは「お客さまとの約束は守ること」「クレームが起こったらお客さまにただちに知らせること」「嘘はつかないこと」などでしたが、「なんだ、人間として当たり前のことをしたらいいのだ」「自分が今までいた部署と同じような気持ちでいればいいのだ」と思ったのです。

このように、わからないことは詳しい人に聞く。「この話ならあの人に聞こう、この解決法ならあの課のあの人が知っているかもしれない」と、とっさの時も適した人にアクセスできるよう、**私は社内で関わった人について、リストを作ってプロフィールを把握するようにしています。**出身大学名、専門分野、今担当している仕事からキャラクターまで、メモをして覚えるのです。できあがったオリジナルの「社員名簿」を見返すうち、人事部より詳しいのではないかと思うほど、社内の人材に詳しくなりました。これでとっさの時に、「誰に何を聞けばいいか」が、瞬時にわかるのです。

現場を知るということでは、**部下も大切な情報源です。**いえ、もっとも重要な情報源といっていい。あなたは未経験の課の課長になったわけですから、**部下のほうが、その課の実務に関しては多くの専門知識を持つベテランである**ことは間違いないからです。

部下に仕事を教えてもらうなんてプライドが許さない、などという考えは捨てて、どんどん教えを請うこと。自分が学ぼうという謙虚な気持ちを忘れてはいけません。

◯不本意な辞令は成長のチャンスと思え

人事異動というのは不本意なことも多いものですが、必ずしも上司や人事が考えなしに配置したとはかぎりません。熟考された「不本意な異動」も多いのです。

私もかつて優秀な部下を、それまで未経験の、それも海外の部署に異動させ、周囲から反発を食らったことがありました。本人はもちろん、その上司までもが優秀な社員を失うことに戸惑い、「何とか思いとどまってくれませんか」と懇願されました。

慣れた部署で、慣れた仕事を長年やっていれば、仕事の効率がアップするのは当然です。とはいえ、長い目で見ると、その社員は1つの視点しか持てない「専門バカ」になってしまう。将来、会社を動かすような大きな仕事を任せられる部下を育てるためには、**異分野の仕事を経験させ、人として成長してもらうことが不可欠**なのです。

私の経験から言えば、未経験の部署に配属されたとしても、あなたのキャリアがそこで断ち切られるわけではありません。今まで積み重ねてきた知識や経験が、あなたのマネジメント力の大きな原動力になってくれることは、すぐにわかるでしょう。がっかりすることはありません。不本意な異動は、あなたをビジネスパーソンとしてひとまわり大きくしてくれる。絶好のチャンスと考えてください。

Q 仕事が多すぎて押しつぶされそう。自分の業務を効率化したい。

A 仕事を始める前に計画を立て、優先順位の低い仕事は「切る」！

「どう？　忙しい？」

「忙しい、忙しい」

会社のエレベーターなどで、管理職同士がよく交わしている会話です。

たしかに、どこの会社も最小限での人員配置を余儀なくされているだけに、社員1人に課せられる仕事量は、以前より増えています。「忙しい」ということが格好よかった時代と違って、今の「忙しい」は、もっと切実な実感としての「忙しい」であることは事実だと思います。

ただ、管理職の場合、忙しさをアピールすることは、自分の無能をわざわざアピールするようなものと考えていただきたい。忙しさをコントロールして、涼しい顔で定時に帰るのが、できる管理職たるものの才覚です。

実力以上にたくさんの仕事をしようとするから忙しいので、**押し寄せる仕事は切ればいい**。そう、「やらなければいい」のです。

とはいえ、あっちの仕事に手を取られてこっちの仕事を放置するとか、時間切れになったからこの仕事は撤退するとか、無計画で場あたり的に対応するのは最悪のパターンです。

たとえば、部下に資料作成を頼む時。思いつきでとりあえず指示すると、しばらくして「そういえば、あの資料もあるといいな」と、別の思いつきが頭をもたげてきます。そうすると、時間差で追加の指示を出すことになってしまいます。

これほど効率の悪いことはありません。部下は最初の指示にしたがってすでに資料の作成にかかっているのに、場合によってはやり直しをしなければいけなくなります。第二の指示がくるまでにかけた労力が、無駄になってしまうのです。

最初に一呼吸おいて、全体の仕事の姿を思い描いてから指示を出せば、部下は無駄なことをせずに済みます。

つまり仕事の効率化を図るには、**計画的であることが第一の原則**なのです。

「2割」の重要な仕事に注力する

たとえば、1年間の計画を立てるとしましょうか。

それぞれの仕事にはプライオリティーをつけ、**「絶対になすべきこと」と「それほど急がないこと」を明確にしておきます。**与えられた課題はすべて、予定通りきちんと終えたいと思うのが人情ですが、場合によっては、プライオリティーの低い仕事はやらないか、やるにしても5割の完成度で済ますという勇気も必要になります。

経済用語で「2対8の法則」というものがあります。パレートの法則といわれ、「国の富の8割は、人口にして2割の富裕層が持つ」など、世の中で起こっている8割のことは全体の2割に起因することが多いというものです。

私も、この「2対8の法則」を考え、場合によってはプライオリティーの低い仕事を放棄することにしています。**その人の仕事の成果の8割は、全体の2割の重要な仕事が生んでいる。**たとえ残り8割の仕事を捨てたとしても、この2割の重要な仕事に集中すれば、すべての仕事を中途半端に実行するより、効率よく成果を上げることができるのです。

８割のうちどうしても捨て切れない仕事は、完成度を落として短時間で終わらせるなど、あえて「拙速」に済ませます。

◯年間計画をもとに月・週の計画を立てる

仕事のプライオリティーを明確にした上で立てた1年の計画では、21ページの「仕事の進め方10か条」のような志を語るのではなく、具体的な課題や数値目標を掲げる必要があります。そして、それを部下全員と共有しなくてはいけません。私は新年の仕事始めに、この1年の計画を部下たち全員と議論し策定していました。

1年の計画が完成したら、次は1カ月の計画、1週間の計画と、期間を刻んだ目標を考えていきます。

1週間の計画は、そのつど状況を見ながら作って、1カ月で帳尻が合うようにします。1カ月の目標も同様に、月ごとに練り直して、目標の1年後に達成できるように調整していきます。

こうして毎週、毎月、毎年の目標を設定して、デッドラインを作ることはとても重要です。人ができる仕事量には限りがあります。経験が浅い社員のうちは、残業すればどんな仕事でもいつかは終わると思いがちです。しかし、それなりのキャリアを積んできたあなたなら、どれだけ残業しても、積み残しの仕事が出ることはよくわかっているはずです。**デッドラインを設定することで、重要な2割の仕事を完成できるよう努力するのです。**

最初に切るべきは「無駄な会議」

会社には「重要な2割」に当てはまらない仕事が山のように転がっています。まずは、そうした仕事を放棄することから始めてみましょう。

たとえば、どんな会社にも会議がありますが、相当無駄なものが含まれています。会議は議論されるテーマに関係ない人たちを巻き込みますし、進行役が下手だと何時間でもかかります。会議は極力やめるか、やるにしても最小の時間にとどめるべきです。使う資料も簡潔にして、必ず事前配布すべきでしょう。

私は会議を縮小するかわりに、そのテーマに関係ある人のみを集めたミーティングをしばしば行いましたが、おおむね集中して議論ができ、効果がありました（100ページ）。

あなたはまだ管理職になったばかりで、仕事に十分プライオリティーがつけられないかもしれませんが、早くその技術を習得し、習慣化することが求められます。

私は常に **「よい習慣は才能を超える」** と言っていますが、優れた習慣は、どんな才覚にも勝るものです。このように仕事を効率化するスキルを身に付ければ、あなた自身も部下たちも、限られた時間のなかで成果を上げることができるのです。

次々やってくる業務を、すべてクリアしようとするから、押しつぶされそうになる。もう一度言います。押し寄せてくる仕事は、選択して、切ればいいのです。

Q 自分らしい采配をしようとすると、すべてに時間がかかってしまう。

A プアなイノベーションよりも、優れた仕事を「模倣」しよう。

最近の傾向として、昇進しても感動がないばかりか、できれば昇進したくないと考える若い社員が増えているといいます。

わずかな手当で仕事はそれまでの2倍に。おまけに上からは押さえつけられ、下からは突き上げられ、日々のストレスは2倍どころでは済まない。そんな管理職を見ていれば、誰も自ら手を挙げて、その座を狙おうとは思わないのかもしれません。

管理職への昇進に消極的な人が増えているなか、前任者とは違った自分らしい采配をしたいと思うあなたの気概は、今の時代はむしろ貴重といえます。

しかし結論から言えば、**仕事にそれほどオリジナリティーは必要ありません。**会社の仕事は同じことの繰り返しが多く、ほとんどの仕事は過去に先人たちが積み重ねてきたこと。あなたは、**その模倣をすればいい**のです。

私が、３年間の子会社の出向から、企画の部署の課長代理という肩書きで本社に戻ったのは、30代半ばの時でした。

着任早々、私は作業服に着替えて、書庫の書類整理を始めました。来る日も来る日も書庫にこもり、必要な書類と、不要な書類を仕分けして、昭和30年代からたまっていた書類のリストを作成したのです。

会議の資料からプロジェクトの資料まで、そこにはその課がたどってきた道が克明に記録されていました。時には、資料の細部まで読みふけってしまうこともあり、リストが完成するまでにたっぷり３週間もの時間を要しました。

でも、資料整理にそれだけ時間をかけた甲斐は大いにあった。課長代理の仕事が始まって、私はすぐにそう実感しました。**上司から与えられるテーマの多くは、過去に先輩の誰かがトライしたものに似ていたからです。**

たとえばある時、これから課が取り組もうとしていた「生産品種の合理化について」といった分析は、すでに書庫のなかで立派な報告書となって眠っていました。

会社の仕事は、同じことの繰り返し。問題解決のヒントは、意外にほこりをかぶった過去の資料のなかにあるのです。

●模倣はイノベーションの母である

その後私は、上司から何かテーマを与えられると、苦労して作った資料リストを片手に、過去の資料を当たるようになりました。資料のなかには、ヒントになるようなものがいくつもあります。そして、先輩たちが知恵を絞ったフォーマットや考え方を拝借し、そこに**自分が新たに行った最新の分析を付け加えて上司に提出する**のです。

もう1つ、私はこんな経験をしたことがあります。ある国際会議の講演原稿の作成を、トップから指示された時のことです。自分がやるからには、自分らしさを出したいと、過去の講演内容をあえて読まずに、原稿を作成しました。

ところが、こうして書いた原稿は、どれもトップからOKが出ませんでした。そこで、過去の講演原稿を熟読してみて驚きました。自分が伝えたいと思っていた内容が、簡潔に、格調高く書かれていたからです。すっかり敬服した私は、優れた表現を一部拝借して原稿を書き直し、「よくできている」というお褒めの言葉付きで、トップの

ＯＫをもらうことができました。

これも、先人たちの財産の模倣です。**何もないところから手探りで仕事を始めるより、ずっと早く結論にたどり着くことができるのです。**

先輩たちが苦労して積み重ねてきたものに比べたら、経験の浅い個人の知恵など、たかが知れています。だからどんどん模倣する。これほど効率のいいことはありません。

また、優れた過去の仕事を模倣することは、効率化という効能をもたらしてくれるだけでは終わりません。優れたイノベーションとは何かを、私たちに教えてくれます。

企業にとって、イノベーションは不可欠です。今や、技術も営業も、これなくしては生き残れない時代です。とはいえイノベーションとは、過去を否定することでは決してないのです。それより、**過去の積み重ねを土台にしてこそ、本当のイノベーションは生まれる**のだと思います。それを忘れて、浅い考えでオリジナリティーを追求すると、空回りしてしまうケースも多いのです。

個人の思いつきには限りがある。そんなプアなイノベーションに時間や頭を使うなら、先人たちが残してくれた仕事のイミテーションのほうが、よっぽど優れています。

Q 課のプロジェクトの企画書作成。効果的なまとめ方はありますか？

A 計画の全体が見渡せる、「全体鳥瞰図」的な企画書がベスト。

中期の事業計画や設備投資の発案書といった、大きなプロジェクトの企画書を作る時、私はいつも**「全体鳥瞰《ちょうかん》図《ず》」**なるものを作成していました。**このプロジェクトが「何であるか」、鳥のように俯瞰して眺めることができる企画書です。**

まずA3の紙に、4つのマスを作ります。この1つのマスに、企画書1ページ分の情報をまとめていくのです。一般的に企画書というのはA4サイズです。このA4の企画書を4枚並べ、A3サイズに縮小するようなイメージです。これで、企画書が4

ページであれば1枚に、８ページなら2枚に圧縮されます。

それぞれのマスには、「本事業の狙い」「営業戦略」など項目ごとに、キーワードや使うグラフなどを書き込んでいきます。添付資料として「他社との比較データ」「必要な投資内容」などの参考データを付け、目次を作ります。**こうして企画書の全体像を鳥瞰できるようにすることで、全体のストーリーがよりはっきり見えてきて、時に思いがけない問題点が見えてくることもあります。**この資料をベースに、企画書の全体構成についてみんなで議論し決定したら、あとは分担とスケジュールです。

これを、「あなたは営業関係」「あなたは開発関係」などと部下にそれぞれ作業させると、無駄な資料の作成や資料の不足、企画書のトーンが違うなどといった不都合が起こり、私のやり方の2倍も3倍も時間が取られることになります。

こうしてできあがった企画書は、部下たちと共有し、後々までプロジェクトの「設計図」として活用します。よくパワーポイントなどで時間をかけて見栄えのいい資料を作る人がいますが、これには無駄が多い。文字なら数行で済むことをグラフィカルに何ページにもわたってまとめるので、全体のストーリーが見渡しにくくなります。さらに、**見栄えのいい資料は読む人を理解した「気」にさせてしまう欠点もあります。**内部資料は、体裁よりもチーム内で共有しやすい形式にまとめるのが重要です。

Q 自分の仕事がいつも後回し。時間を確保する方法は？

A 必要な作業時間を決めて、自分に「アポ入れ」しましょう。

経費の管理を任されたとしたら、まずあなたは何をしますか？　予算を効率よく使うため、計画を立てることから始めるでしょう。時間も同じです。限りある時間を効率的に活用するために、**「時間予算」**ともいえる計画を立てなければいけません。

ここで気を付けなくてはいけないことは、時間というのは、すべて自分のために使えるわけではないということです。とくにチームワークがものをいう会社の仕事では、急な打ち合わせや来客、上司の指示や電話など、予定していない仕事に就業時間の半分以上を取られることも少なくありません。

また管理職ともなれば、部下からの相談事や外部との折衝、上司とのコンセンサスなど、予期しない仕事がさらに増えます。私の経験から言うと**「予定していた時間の7割は使えない」**と思っていいでしょう。

たとえば「今日は、あと3時間で終わるあの仕事を片付けよう」と予定を立てたとしても、就業時間が8時間として、自分のために使える時間はわずか2時間半ほど。1日で終えようとしても、たいていの場合、計画は頓挫します。

そこでお勧めしたいのが、**「自分へのアポ入れ」**です。

その仕事に3時間必要なら、あらかじめ自分にアポイントメントを入れ、予定表に書き込むのです。その間は、面談や会議の予定を入れず、メールチェックもしない。電話は取り次がないよう、まわりに頼みます。**「(会議に)出ない」「(人に)会わない」「(書類を)読まない」**の**「3ない時間」です。**そして、自分の仕事に集中するのです。

私の場合、この時間を確保したら、空いている会議室にこもったり、自宅勤務に切り替えて、徹底的に雑音をシャットアウトしています。自分の時間とはいえ、取りに行かなければ自分のものにはならないのです。

Q 資料が増えてたまる一方…。どう整理したらいいですか？

A 見つけやすくて捨てやすい、「カムアップパッチファイル」を。

これだけデジタル化が進んだ世の中でも、紙の資料はなくなっていません。過去の資料はほとんどが紙なので、まだ私たちはこの先何年も紙の資料とつきあう必要があります。

紙の資料のやっかいなところは、場所を取っているのはわかっていても、簡単に捨てられないことにあります。デジタルデータと違って、ゴミ箱に入れてしまえばもう永遠にお別れ。「あとで読むかもしれない」「いつか必要になるかもしれない」と考えてしまうと、なかなか破棄する踏ん切りがつきません。

こうして、資料は日々増殖していきます。

ここで、自分の机に積まれている資料を、改めてチェックしてみてください。「あとで」と思って取っておいた新聞記事の切り抜きや、「いつか」と思って積んでおいた他社のプレスリリースなど、もうその存在すら忘れている資料が山のように出てくるはずです。

私の経験では、取っておいた資料のうち、二度と読まない不要な資料は約7割。この7割が資料棚を占領して、本当に必要な資料に短時間でアクセスすることを邪魔しているのです。

まず、あなたの目の前の資料の山を、**3割の「必要な資料」のグループと、7割の「不要な資料」のグループに分けてください。**そうして7割の「不要」なグループは、思い切って破棄。3割まで減らすのです。

使うファイルが「カムアップ」するしくみを作る

それでも、紙の資料は日々増えていきます。常に資料を監視して、増やさないようにすることが必要です。それには、**不要な資料は深く考えなくても捨てられるシステ**

ムを作ることです。

私が実行している、整理方法はこうです。最小限まで減らした資料は、上中下、3段あるキャビネットに収納します。このキャビネットはそれぞれの段を2つのブースに分けて、全部で6つのブースを作ってあります。

そして資料を6つのカテゴリーに分け、それぞれのブースに入れていくのです。たとえば「ルーティンの会議」「プロジェクト」「研修」「講演」「事業別テーマ」「プライベート」といったカテゴリーです。

とはいえ、それぞれのブースに、資料をただ突っ込むだけでは、探すのに時間がかかる上、不要な資料が混ざっていても気が付きにくい。そこで、かつて先輩に教えてもらった**「カムアップパッチファイル」**という方法で、ブース内を整理するようにしています。

資料は取り出しやすいように、キャビネットのブースのなかに立てて置き、**使ったファイルを戻す時は、必ず一番右に置くようにします。**こうすると、最近使ったファイルはいつも右半分にある。何度もお呼びがかかって、いつも右のほうに置かれるファイルもあれば、一度も使われずに、左端の最後尾をキープするファイルもあることが一目瞭然となります。

●資料を探しやすい環境で時間を効率化

日々の会社の業務で必要になる資料というのは、ある程度決まっています。ブースの右側から資料を探していけば、そうした頻出ファイルにすばやくたどり着くことができるのです。

この方法は、まるで必要な資料のほうから出現するように「カムアップ」して、ほしい資料にスピーディーにたどり着けるため、「カムアップパッチファイル」と呼ばれています。

では最後尾の左端で、出番がない資料はどうしたらいいでしょう。もちろん捨てるのです。**新しい資料のファイルがキャビネットのブースに追加されるたび、左から捨てていき、ブースのなかはいつも一定の資料数をキープする**ことを心がけましょう。

また、ブース内を整理することで、実は捨ててしまった資料を探して半日を費やしてしまったなどという、非効率なこともせずに済みます。捨ててしまった資料が必要な時は、インターネットで同様の資料を探すなど、さっさと頭を切り換えて、次の行動のために時間を使うことができるのも大きなメリットです。

Q 何よりもたまるのが名刺。上手な整理法を教えてください。

A 名前順や社名順より、交換した日付順が効率的です。

紙の資料といえば、名刺もその一種です。名刺は、ビジネスパーソンの財産ともいわれますが、すぐに必要な名刺にたどり着けるように整理されていなければ、引き出しのなかを散らかす、ただのカードの山でしかありません。

名刺を整理する時、名前順や会社名順などでファイルしている人がいます。たしかに、アルファベットやあいうえお順に整理されれば、人名録のような名刺ファイルができあがり、見た目もよいでしょう。

ただし、これには重大な欠点があります。つい最近、初めて名刺交換をした人など、名前を覚えていない人の名刺には、どうやってもたどり着けないのです。しかも、名刺を探す必要がある相手といえば、名前も覚えていないほど、つきあいの浅い相手ということがほとんどです。

そこで私は、**名刺を交換した「日付順」に整理するようにしています。**名刺ファイルの1つのスペースに複数枚をまとめて入れ、日付順に管理しているのです。

こうすれば、**名刺を探す機会が一番多い、まだつきあいの浅い相手の名刺は常にファイルの手前にある**ため、お目当ての名刺にすばやくたどり着くことができます。紙の書類を整理する時と同じ原理で、必要な名刺ほど「カムアップ」して探しやすくなる、「カムアップ名刺ファイル」ができあがるのです。

手帳の項目（62ページ）でも話しますが、会った相手の顔や名前は、その人と会った日付と関連付けて覚えると記憶に残りやすいもの。名前は出てこなくても、だいたい何月頃に会ったかは思い出せるものです。

「雪の翌日でダイヤが乱れていたという話もしたから、あの人と会ったのは○月○日」というように、いつ頃会ったかという記憶をたどっていったほうが、はるかにスピーディーに探している名刺にアクセスできます。

Q メールの送受信が膨大。処理時間を短縮したい！

A まずは自分のメールから改める。返信には定型文の活用も効果的です。

過去の資料をデジタル化して保存する会社も増えています。私は会社の先人たちの資料をすべて読み活用してきましたが、そうした経験から、当時の資料がデジタル化されていたら、どれだけ時間の節約になっただろうと思うことがあります。

とはいえ、業務のＩＴ化が進んで情報が整理され、仕事が目に見えて楽になったかというと、そうとばかりは言えないでしょう。業務のＩＴ化は、一方で別の仕事を増やしていることも事実です。

たとえばメール。今ではどこにいても24時間、人とアクセスできるようになりました。ただ、いつでもどこでも受け取れるだけに、返事も迅速を心がけることがいつの間にか社会のルールになっています。また、電話や面会するまでもない情報もメールで気軽に送る人が増えて、紙でやりとりしていた時代より不要な資料が増えています。あげく、朝出社すると新着メールが、メールソフト画面をいくらスクロールしても終わらないほどたまっている。あなたのように、このメール処理に必要以上に時間を取られ、効率の悪さを感じているビジネスパーソンは多いと思います。

こういう時はまず、自分の送信済みメールをチェックしてみてください。その文体は簡潔ですか？　不要な前置きなどを長々と書いていませんか？

メール処理の工夫・改善は、**自分のメールの書き方を変えるだけで、かなりのスピードアップにつながります。**メールは用件を伝えるもので、効率的なツールなのですから、書く内容も「要にして簡」を心がけなくてはいけません。

つまり、**用件のみをずばり書く。**長々とした始まりの挨拶も締めの挨拶も不要です。これには、メールを書く時間を短縮できる以外に、もう1つ大きなメリットがあります。**シンプルなメールには、シンプルな返信がくるもの。**返信を読む時間も短縮できるという、ダブルの効率化が図れます。

メール効率化には定型文が便利

また、いくつかのパターンの定型文を用意しておけば、こういうオファーにはこうと、**定型文を貼り付けるだけで立派な返信となる**ことも少なくありません。

たとえば、挨拶や説明がだらだらと長く、なかなか本題が見えてこないようなメールを受け取った時、私は次のような定型文を送っています。

「大変丁寧なメールをありがとうございました。できればこのボリュームを3分の1にしてください。できれば箇条書きにしてください」

もちろん「大変丁寧な」の部分は、ちょっとしたイヤミのようなものです。

長いメールを書いている人は、人の時間を奪っていることに気が付いていないものです。それを知らしめなくてはなりません。自分の時間を奪われないためにも、しっかりと相手に伝える必要があります。

この定型文のメールを送れば、たいていの人は、次から簡潔なメールを送ってくれるようになります。毎朝、数十通のメールに目を通す人もいますから、このワンアクションだけで、トータルではかなりの時間を節約できるはずです。

ファイルとフォルダの整理術

ところで、あなたのように大量のメールをやりとりしている人は、添付ファイルなどの資料も日々たまっていることでしょう。

紙と違って保管に場所を取らないとはいえ、これもハードディスクのなかで眠っているだけでは存在価値がありません。タイトルなど、検索条件がはっきりしている資料にたどり着くのは一瞬ですが、ぼんやりと内容を覚えているような資料は、ペラペラとめくれる紙の資料より、たどり着くのに時間がかかるのがデジタルの資料です。

使えそうな添付資料は、**得意先ごとなどで分類したフォルダを作り、内容をチェックしたらその場でそこに放り込むようにします。**

また、私が使っているメールソフトでは「アルファベット」「カタカナ」「漢字五十音」の順で、保管フォルダを表示します。頻繁に使うメールフォルダを見つけやすくするため、**よく使うフォルダには、常に一番上にくるように、フォルダ名の最初に「A」などと付けて整理しています。**これで必要なフォルダにすばやくアクセスできるのです。

Q 増える予定を上手に管理する手帳の活用法、ありますか？

A 大小2冊の手帳で管理。メモページも有効に使います。

手帳はビジネスパーソンにとって、外部記憶装置のようなもの。その人の仕事やポジションによって、使いやすい手帳も変わってきます。

私はここ20年来、**大きい手帳と小さい手帳の2冊**を持つようにしています。課長時代に使っていた大きい手帳は東レの社員手帳で、さまざまな工夫が詰まっていました。最初のページは、1カ月分のスケジュールを書き込める月別ページで、1ページに1カ月分。見開きで2カ月分の予定を見渡せるのが、とても便利です。この月別ページにアポイントメントや締め切り、行事の予定などを書き込みます。

計画性を持った仕事術には、必ずや助走が必要です。この月別ページで、1カ月、2カ月の予定を見渡すことで、たとえば大きなイベントの準備をいつから始めたらいいかなど、**長期的な仕事の流れをイメージしやすくなります。**また、「この週はイベントの準備に時間を取られるから、なるべく他のアポを入れないようにしよう」というように、ピークの平準化など**体系的なスケジュール管理が可能になります。**

月単位のスケジュールは、この手帳だけでなく、卓上カレンダーにも書き込んで、毎日必ず見るようにしています。卓上カレンダーは、たいてい1カ月が1枚ですから、私の場合、2カ月分が見渡せるよう、2つの卓上カレンダーを並べて、机の上に置いています。

●手帳にメモすることで記憶を強化

東レの手帳は、月別ページが終わると週別ページ、メモページと続きます。月別、週別のカレンダーページとメモページが別々の構成です。週別ページには「予定」だけをひたすら書き、2週間の予定が見開きでパッと確認できます。メモが必要になったら、後ろにまとめて書きます。

一方、現在使っている手帳は、見開きごとに、左側が週のカレンダーページ、右側がメモページになっています。以前の東レの手帳が気に入っていたので、最初は戸惑いましたが、カレンダーの横にメモを書ける手帳も、さまざまなメリットがあります。

たとえば、私は誰かと会うと、**その人の印象や、会話のなかの印象深いフレーズなどを手帳にメモするようにしています。**

カレンダー部分の日付の横に、会った人のプロフィールをメモすると、「そういえば、○○さんと面談したのは、午後に出張が入っていて、慌ただしい日だったな」などと、スケジュールと関連付けて検索もしやすくなります。

手帳は普通、スケジュール管理が主な機能ですが、**私にとっては、このメモのスペースも予定と同じくらい重要です。**いわゆる「記録魔」だからです。

会った人の印象だけでなく、会議のポイントや仕事関連のデータ、「ジニ係数」「日本の国家予算とＧＤＰ」などの覚えておいたほうがよい数字、業務で使う難解な専門用語から、ふと思いついたアイデア、そしてチャーチルやレイモンド・チャンドラーなどの心に留めておきたい名言まで、すべて手帳のメモページに書いてあります。

ただ、メモを取っても見直さなければ、自分の記憶にとどめることは難しい。メモというのは、見返さなければ、ただの落書きと一緒なのです。

電車のなかで手持ち無沙汰の時や、スケジュールを書き込む時などの一瞬でもいいので、**時々メモを見返して、記憶してください。**私の場合は、どうでもいい議論がだらだらと続く会議の時など、こっそり取り出して見ていることも多いです。

またこの大きい手帳は、できるだけ同じタイプのものを毎年使い、1年前の手帳は手元に置いて、いつでも参照できるようにするのがいい。会社の仕事はだいたい同じことの繰り返し。**1年前のスケジュールやその時のメモが、今年の予定を立てる時に大いに役立ちます。**

●身に付けて持ち歩ける、サブの手帳を持つ

一方、小さい手帳は、ワイシャツのポケットにも入れられるサイズの、薄いものを使っています。スケジュールは大きい手帳と同期させていないので、ここに詳しい予定を書き込むことはありません。スケジュール管理というのは、複数の書き込み先があると、記入漏れやダブルブッキングを起こすもの。スケジュールはあちこちに書き込まず、1冊の手帳に一本化することが大切です。

では、小さい手帳には何を書くのか。これは、**カレンダーも付いたメモ帳として使います。**肌身離さず持ち歩き、カレンダーの欄にはアポイント先の住所を書いたり、

何かアイデアが浮かんだ時などに、さっと取り出してメモするのです。

さらにこの小さな手帳には、**メモ用紙を1～2枚挟んでおきます。**メモ用紙には、あとで大きな手帳に書き込まなくてはいけない新たなスケジュールや、外出先で思い出したTODOリストなどを書く。デスクに戻ったら、このメモ用紙を机の上に置き、処理したものから順に線を引いて消していきます。

なお、外出先でのアポ入れは、ダブルブッキングが起こらないように、机に戻って**大きな手帳に書き込むまで、まだ「仮」であることを相手にも伝えます。**大きな手帳で確認してから、相手に改めて連絡。ここで正式に約束を入れたことにするのです。そんな仮のアポも、小さな手帳に挟んだメモ用紙に書いておきます。

つまり**小さな手帳は、大きな手帳のモバイル版**と考えればいい。メインの大きな手帳は、その時の環境や仕事内容によって、そのつど適したものを選び、サブとして、こうした身に付けるタイプの小さな手帳を持つことをお勧めします。

私もかつては、大きなノートにメモをしたり、ジャンル別の整理がしやすいルーズリーフタイプのメモ帳を愛用していたことなどがありました。でも今は、この2つの手帳で十分と考えています。

忠実に仕事をこなすのはアナログメモ

今はスマートフォンでスケジュール管理をする人が増えています。スマートフォンであれば、いつも持ち歩くので、大きな手帳と小さな手帳を連携させるわずらわしさはないでしょう。さっと取り出して、いつでもどこでもメモが取れる。

ただし万能のようでいて、デメリットもあります。教えてくれる情報が多すぎるのです。たとえばとっさに思いついたアイデアをメモしようとスマートフォンを取り出すと、メールがきているとか、こんなニュースが起こっているとか、さまざまな情報を投げかけてきます。

まずはメールをチェックしてから、次は緊急なメールに返事をしてから、などとやっていると、いつまで経ってもメモを取るところまでたどり着きません。結果、何をメモしようと思ったのか、忘れてしまうこともあるでしょう。

その点、小さな紙の手帳とそこに挟んだメモ用紙であれば、ちょっとしたメモ作業を黙々と、忠実に引き受けてくれます。むしろアナログのほうが、デジタルより効率的ということも、世の中にはあるのです。

Q リーダー向きではない自分。人の上に立つ自信がありません。

A 誰もが「自分のリーダーであるべき」。一度はトライしてみることです。

あなたは、どれほど課長を務めましたか？　管理職になって、まだ間もないのではありませんか？　年齢も、おそらく30代か40代。人生は少なくとも残り3分の1はあるはずです。だとしたら、向いていないとあきらめる前に、リーダーになるべく努力をしてください。それは、会社のためではありません。課長になったのを機に、あなた自身の人生を豊かにするため奮起するのです。

人というのは**「まず自分のリーダーであるべき」**というのが私の考えです。つまり、向いていようがいまいが、誰もがリーダーにならなければいけないのです。

ピュアな思いが人を動かす

私の後輩に、こんな女性がいました。彼女は入社2年目で、それまで売り上げがゼロだった、ある新製品の販売担当となります。彼女はその後約10年間かけ、足を棒にして売り込みに奔走しました。

それでも、なかなか売り上げは伸びず、意気消沈していたある日のことです。アメリカの企業から、信じられないような大量の発注を受けました。

彼女の苦労はむしろここから始まります。あまりに大量の発注で、工場の生産が追いつかなくなってしまったのです。そこで、営業で多忙を極めるなか、彼女は自ら工場のラインに入り、人手不足を補いました。

ここから、工場内の空気ががらりと変わりました。疲れ果てていた従業員たちが夜勤もいとわず工場で働く彼女の姿に敬服し、工場の士気は以前とは比べものにならないほど上がったのです。

彼女には、志を実現しようというピュアな思いがありました。そして壁にぶつかって、「つらい」「苦しい」という思いと闘うことを強いられました。それでも思いを遂げるために、自分をコントロールし、「自分のリーダー」となって突き進んでいったのです。

「自分のリーダーになる」とは、こういうことです。

彼女の奮闘は、多くの教訓を残してくれました。**仕事に対する情熱や、部下たちに対する思いが本物であれば、部下たちは何も言わずともついてきてくれるのです。**そして、これが真のリーダーシップです。

リーダーシップとは、人を動かすことと考えられがちです。でも本当にそうでしょうか。部下たちに鼻先で指示を与えたからといって、それはリーダーシップとはいえないのです。

あきらめずに一度はトライせよ

最近は、昇進を拒む社員も増えていると聞きます。私が社会人になった頃は、誰もが「いつか社長になるんだ」と心して、入社式に臨んだもの。日本の景気が右肩上がりの時代だったからというのもありますが、これには「無知の決意」といえる側面もありました。今のように情報があふれていない時代。現実を知らないがために、自分も社長になれる、自分から何かを仕掛けていけば人生変わっていく、そんな思いを、誰もが抱けたのです。

ところが今の若い人はどうでしょう。だいたい社長や総理大臣になど確率的になり得ないとわかっているし、仮に社長や総理大臣にまで上り詰めたとしても、それほどいいことがないことを知っています。

情報化社会が、あまりにリアルな現実を教えすぎたのでしょう。何か行動を起こす前からあきらめてしまう。若い日本人は闘争心を喪失したともいわれますが、別に日本人に突然変異が起きたわけではありません。環境が「草食化」を促しただけだと思います。

でも人の本質は、時代によってそう大きく変わりません。あなたが好景気を知らずに育った世代だったとしても、実際に人の上に立って、部下を動かせるようになると、きっと人生が開けます。その実感は、**あなたが自分自身のリーダーになって、自分が成長したという実感です。**そうなると、周囲の人も自然とあなたについてきます。お金だけじゃない充実感が、必ずやあなたの未来に待っています。

だから「向いていない」とあきらめずに、まずは一度、部下を動かすという課長本来の仕事をやり遂げてみてください。それでもだめなら、管理職を降りてもいい。とにかく一度はトライしてみることです。

Q 何のために働くのかわかりません。本当は課長にもなりたくなかった。

A 誰のためでもない。自分の幸せのために働くのです。

あなたは、課長という第二の会社人生をスタートしたばかり。部下たちを管理するという慣れない仕事に忙殺され、寝る時間もない。「自分は何のために、こんなに働いているんだろう」と、むなしさを覚えることもあるかもしれません。

なぜ人は、そんな苦労をしてまで仕事をするのか。

それは「**自分の幸せのため**」に他なりません。人間の働く欲求にはさまざまなものがあります。そのなかで究極のものは、「**成長する欲求**」です。

つまり仕事を通して自分を成長させ、人としての幸せを手に入れる。これが、仕事をすることの最終的な目的といえます。

人は何のために働くのか。マズローというアメリカの心理学者が、ある理論を提唱しています。マズローによれば、人には大きく5つの欲求があり、それらを原始的なものから順に並べていくと、次のようになります。

第１段階　生命維持のための生理的欲求
第２段階　危険な状態から抜け出したいという安全の欲求
第３段階　コミュニティーの一員になりたいという社会的欲求
第４段階　人から尊敬されたいという承認の要求
第５段階　自分の持つ能力や可能性を最大限発揮したいという自己実現の欲求

これらの段階はピラミッドのように積み重ねられていて、第1段階の「生理的欲求」が満たされると、第2段階の「安全の欲求」を求めるというように、順番に移っていくといいます。第1段階や第2段階の欲求は生活のために働くということに当たりますが、だんだんと上に行き、もっとも高度な第5段階が「自己実現の欲求」であるとマズローは規定しました。

この説には説得力があり、私もその通りと考えましたが、後になってこの「自己実現の欲求」の上にもう1つの欲求がある、それは「成長する欲求」だとマズローは修正しました。

「自己実現」と「成長」は、結果としては同じようなことですが少し違います。「自己実現」とは**自分の能力をフルに発揮し、仕事に結果を出すこと**です。一方、「成長する」とは、お金や地位を追い求めるのではなく、自分のチームのため、お客さまのためなど、つまり**世のため人のために尽くすことで自分の人格を磨いていくこと**です。

時々「仕事はお金のため」と考えている人に出会うことがあります。もちろん、人は生活のためにお金を稼がなくてはなりませんからこれは間違っていませんが、最終の目的ではありません。


「人生に必要なものは、勇気と想像力とサムマネー」


これは、かのチャーリー・チャップリンが1952年に製作した映画「ライムライト」のなかで、落ちぶれた道化師役を演じ、人生に絶望したバレリーナにかけた有名なセリフですが、「サムマネー」は文字通り「サムマネー」なのです。

お金は生活に困らない程度あればいい。必要以上にほしがったり、お金に振り回されてしまえば、本当の幸せは得られません。自分を成長させるという最終目的から、あなたの人生はかえって遠のいてしまうでしょう。

「自己実現ができる仕事」が生きる力に

家族の障がいと病気という困難のなかで、私が仕事との両立で四苦八苦していた時、「私だったら仕事を辞めて家族のために尽くすけどね」と言った友人がいました。しかし、私は仕事を辞めることは考えませんでした。

家族のために闘っていた時、私を支えてくれたのは、仕事だったのです。仕事はいろいろ工夫し努力すると結果が出ます。私のように自己実現欲求の強い人間は仕事が面白いのです。仕事で感じるやりがいが、厳しい人生を生き抜く力をくれたのです。

しかし、何年も経ってから私は自己実現もさることながら、**仕事を通じて自分が成長するために生きているのではないか**と思うようになりました。

部下たちがモチベーション高く仕事をするのは「仕事を通じて自分が成長するのを実感する時」であることに気が付きました。そして部下たちの成長がまた、私の成長につながりました。だから課長になったばかりのあなたも、「成長するため」「自分の幸せのため」に働いてください。

Q 休日を無駄に過ごしがちです。有意義な使い道を教えてください。

A 遊びでも何でもいい。成長の糧となる感動を味わって。

休日は、ビジネスパーソンにとって重要な時間です。仕事の疲れを取ると同時に、**仕事以外のことをすることであなたを成長させてくれる絶好の機会**なのです。

本を読んだり英語を勉強したりすることは、もちろん有意義な休日の利用法です。でも実際は、「勉強しよう」という予定を立てても、その通りにできる人はそれほどいません。それよりも自分にとって、**もっと楽しいことに休日を充てることにしてはどうですか。**

私の場合は、身体を動かすことがリフレッシュのもとです。学生時代に山登りが好きでワンダーフォーゲル部にいたこと、また自閉症の長男が山登りが大好きだったこともあり、休日は毎週、家族で近くの山に行く習慣がありました。

朝から夕方まで山で過ごすので身体は疲れますが、気分爽快、精神的にリラックスでき、仕事の活力につながりました。忙しくなってからは、１日かけて山登りというわけにもいかず、そのかわり短時間でかなり身体を使えるランニングをしていました。

課長時代は付き合いもあり、ゴルフをすることが多くなりました。その他、歴史や推理ものの本を読んだり映画を観るなどして休日を過ごしました。こうしたことがウィークデーのストレスを解消し、次の週の仕事のエネルギーにつながったのです。

また、自分の経験を振り返ると、同じ音楽を聴いたとしても、若い頃に聴くのと、この年で聴くのでは、感動が大きく違います。小さなことに感動のタネを見つけることができた若い頃と違って、残念ながら年を取ってくると、感動する程度はずっと小さくなりました。音楽だけではありません。若い頃は、何を見ても聞いても、感動でき、そして楽しいのです。

何をするにしても**「楽しい」ということは、最大のモチベーションになります。**

心がやわらかい20代、30代のうちに、さまざまな感動を経験してください。

Q 仕事で頭がいっぱい！「夫」「父」と「課長」を両立できない。

A ワーク・ライフ・バランスを意識し、仕事中心の生活を組み立て直して。

仕事もプライベートもバランスよく生きる。そんな「**ワーク・ライフ・バランス**」という言葉が定着して久しいものの、実際にビジネスの現場で実践している人はそれほど増えていないというのが私の実感です。

とくに、どこの企業も苦しい立場に追い込まれている最近の経済情勢のなかでは、あなたのように「ライフまで構っていられない」状況に追い込まれている人が、むしろ増えているという気さえします。これまでもワーク・ライフ・バランスの推進を阻んできた、「長い時間働くことこそ美徳」という日本ならではの固定観念が、またその力を盛り返してきたのかもしれません。

たしかに昭和の高度成長期は、１時間でも多く働けば働くほど結果が出た。給料は確実に右肩上がり、お父さんにとっては仕事のみが自己実現の場になった時代です。

ところが、経済成長が一段落すると同時に、働けば働くほど生活も、人としても、豊かになれる時代は終わりました。それどころか、働いても生活は厳しくなるばかり。自己実現の実感も仕事では得にくくなりました。

今はそうした混乱期を経て、「本当の幸せとは何か」にみんなが気付き始めた時期。そして、ワーク・ライフ・バランスという考え方が注目されるようになってきました。

会社を何とかよくしたいから、家庭をなおざりにして、自分の時間を仕事に集中させているとすれば、あなたがやっていることは、昭和の高度成長期の発想と同じです。それは間違いです。会社での仕事の成果を上げつつ、個人の生活も充実させること。個人の生活を幸せにすることが、仕事の結果につながるのです。

とくにあなたは、チーム全体を預かる「課長」です。そのメンバーとチームの成長のためにも、部下にワーク・ライフ・バランスの必要性を浸透させてください。

私はワーク・ライフ・バランスを**「ワーク・ライフ・マネジメント」**と呼ぶように

していますが、私がしてきたことはワーク・ライフ・バランスなどというような生やさしいことではありませんでした。**労働時間の管理は、まさにチームのマネジメントそのもの。**業務の計画を立て、部下の仕事に手を突っ込んでマネジメントしていけば、ワーク・ライフ・バランスが取れるような体制を築くことはできるはずです。

会社の仕事でのタイムマネジメントは、この本のなかで何度も触れていきますので、ここでは家庭のマネジメントについて紹介します。

子どもが小さい時、妻は3年ほど急性肝炎で入院したことがあります。私は毎朝5時半に起きて子どもたちの朝食と弁当を作り、夕方は定時に会社を出て、子どもたちに食事、宿題をさせてお風呂に入れる。朝食と弁当作りは、一度に2、3種類の作業を並行することで3人分を30分以内で準備していました。土曜日は病院に妻を見舞いに行き、日曜日は1週間分の掃除と洗濯と買い物という毎日。この時は限られた時間で必要最小限のことをやらねばならず、会社の仕事と同じように、家事の仕事に軽重をつけての時間配分をしました。たとえば、食事は手を抜かずに作るものの、掃除や洗濯は簡単に、いわば手抜きでまとめて済ませるなど、その家事の価値に見合った時間配分をしたのです。

◎自分・部下・家族・会社、みんなの「幸せ」を実現

会社にとっても、ワーク・ライフ・バランスを実践する効能は計り知れません。

まず、**働く社員の満足度が高まります。**定時に帰れば自分の好きなことができ、また家族との時間も増えるわけですから、心身ともにリフレッシュできる。本を読んだり人と会ったりすれば、よい発想も生まれやすくなります。ストレスからくる、社員のメンタルトラブルも減るでしょう。

それだけではありません。効率的に仕事をすることになるので、**あなたのチームの生産性向上にもつながります。**限られた時間で仕事を終えようとするため、成り行きで長時間労働することはなくなり、常に仕事の効率化を考えるようになる。こうした意識の改革が、チーム全体の生産性を上げることになるのです。

このように生産性が高く、社員の満足度も高い会社には、必然的に**優秀な人材が集まります。**急がば回れで、長期的な会社の成長にも役立つのです。

それにあなたにとっての幸せは、間違いなく家族の幸せでもあります。もちろん、家族と過ごす時間は長くなるでしょう。家族と協力して、子育てもできる。

ワーク・ライフ・バランスとは、個人も会社も成長する経営戦略なのです。

Q 過労死しないか心配です。体調管理のコツを教えてください。

A 睡眠時間の確保は必須。そこから仕事の段取りを見直そう。

多忙を極めるなか、体調悪化を心配する気持ちもわかります。

まず、今日の**自分のタイムテーブルを洗い出してみてください**。仕事のためだけに集中して使っていた時間というのは、誰でも1日何時間もないはずです。あなたが思っているほど、実際には身体を酷使していない場合もあるのです。

ただ、身体と心は連動していて、ストレスから体調を悪くすることもあれば、体調不良が原因でやる気がそがれるというのもよくあることです。若い時は勢いで仕事をこなせますが、そう若くもない管理職にとって体調管理は重要です。

体調管理において、**私がもっとも大切にしているのは、睡眠です。**睡眠は、心にも身体にも休息を与え、次の日のパワーをチャージしてくれます。どんなにあなたに意欲があったとしても、体調が悪くては何も先に進みません。

必要な睡眠時間は人それぞれ違います。また、夜は5時間睡眠でも昼に15分でも仮眠を取れば体調がいいという人もいる。ベストな睡眠の取り方も人それぞれなのです。

私の場合は、電車で移動中の時間は貴重な仕事タイムなので居眠りはせず、書類を読むなどして有効に使います。そのかわり、夜は7時間まとめて眠るようにしています。毎日5時半に起床しているので、夜11時前にはベッドに入るようにしています。

睡眠はビジネスパーソンにとって、身体の栄養補給の時間として必要不可欠なもの。ですから、**「睡眠時間を確保すること」を中心に、仕事のタイムテーブルを組み立て、その日「やるべきこと」にそれぞれ時間のデッドラインを設けてみてください。**

◯定時に帰宅する生活のリズムを作る

こんな話を聞きました。東京・丸の内で週1回、朝の読書会を主催するある女性は、2人のお子さんがいる働くお母さんです。彼女は毎朝4時に起きて、メールや資料の確認などの仕事を片付けた後、子どもたちやご主人のお弁当と朝食を作っています。

通勤時間は約1時間。読書会のある日は、早朝の仕事を少しスピードアップして、丸の内のカフェで7時に始まる読書会に向かいます。ここで朝食を摂りながら、メンバーと本について話し合った後、ゆったりとした気分で8時に出社するそうです。

彼女の就寝時間は毎日夜10時。残業を長々やっていると、たちまち睡眠時間が削られ、翌日の仕事の効率が悪くなることを、身をもって学習したといいます。

そして自然と、その日やるべき仕事にデッドラインを設けるようになりました。これは仕事をむやみに始めずに、計画を立ててから着手するということです。そんな好循環が生まれていき、定時に帰宅できる生活のリズムができあがったそうです。

私の場合は障がいのある長男の世話をはじめ、あらかたの家事を朝一番で片付けます。そして組織内の誰よりも早く出社する。これが現役時代の決まりでした。出社後も午前中の時間は貴重です。打ち合わせも少なく、たっぷり寝た後だけに仕事の効率も上がる。今でも午前中にその日やるべき仕事の6割は片付けるようにしています。

こうした早寝早起きの生活をしていれば、**必然的に朝食を規則正しく摂ることになります**。1日のパワーをくれる朝食は、絶対に省いてはいけません。バランスのいい食事を心がけ、いつも健康を意識すること。これも優れた管理職の務めの1つです。

第2章

「部下」をマネジメントする

Q 仕事を残して帰ってしまう部下。どう指導すればいいですか？

A 指導すべきはその態度ではなく、部下の仕事の進め方です。

昔は、上司が帰るまで、部下はすることがなくても職場に残るという、暗黙の了解がある会社が少なからずありました。

これは、大変非効率なことです。でもそれ以上に「仕事を残して帰ってしまう」あなたの部下というのも、困ったものですね。「定時は過ぎているので、何がいけない？」とでも言うのでしょうか。

仕事を残しているということは、与えられた期限を守ることができていないということ。そのため、他の部下の仕事に差し障りが出るようなことになれば、チームワークにも支障が出る。これは問題です。改めさせる必要があるでしょう。

そのような時に問題なのは、その部下の態度ではなく、**定時になっても終わらないような仕事のしかたです。**定時にきちんと仕事を終えるようなタイムマネジメントができるように指導することです。

そのため、あなたは部下の仕事に多少手を突っ込む必要が出てきます。

まず、仕事を頼む時は、いつまでに終わらせるか**「期日」をきちんと伝えること。**管理職のなかには期日を曖昧にして頼んでしまう人もいますが、これはいけません。

それでも終わらない場合は、週単位、月単位の計画を出させ、アドバイスし、定時に終わるように組み替えさせます。その過程で仕事に優先順位をつけ、「この仕事はやらなくていい」と、プライオリティーの低い仕事を切る具体的な指示も時には必要です。または「これは5割の完成度でいい」と、**プライオリティーの低い仕事は拙速で済ませるように指示を出します。**

さらに特別難しい仕事であれば、計画通りに進んでいるのか、途中でチェックしながら軌道を修正させることも必要です。こうして定時に退社しながら、期日までに仕事が完成できるよう、部下をナビゲートするのです。

Q 部下がなかなか帰りません。長時間の残業が癖になっています。

A 1週間の工程表をもとに、仕事の無駄を徹底的に排除して。

仕事を残して定時に帰ってしまう部下もいれば、仕事がないのに、いつまでも会社にとどまる部下もいます。「帰宅拒否症」といって、こういう人は心安らぐはずの家庭に何か問題があって、帰宅の足が遠のいているケースも多いと思います。

家庭には何も問題がないのに、長時間の残業をしないと落ち着かず、つい会社に残ってしまうというタイプもいます。こういう人はどんな部署に配属されても、どんな仕事をすることになっても、常に残って長時間、働きます。そうすることが癖になっているのです。

会社は、社員が自分の時間を提供するから給料を支給するのではありません。仕事に結果を出して貢献するから、報酬が得られるのです。

もし、残業ばかりする部下がいたら、時間内で仕事を終わらせるように、あなたが指導する必要があるでしょう。部下を「正しく働かせる」ために管理職はいるのです。

週ごとの「計画」と「見直し」が時短の鍵になる

では、どのように指導するのか。私はそんな時、**「仕事の工程表を作れ」**と言ってきました。

かつて、社内でも残業の多いことで知られる、ある課の課長になったことがあります。赴任してわかったことは、その課では、計画を立てて仕事を進める習慣がないということでした。

そこで部下一人ひとりに義務付けたのが、**1週間の仕事の工程表**の作成です。**その人が1週間でやるべき仕事をすべて列挙させ、費やすべき予定時間を申告してもらうのです。**もちろん計画では、定時退社が原則です。そして1週間ごとに実績をまとめ、計画と実績の差を分析させるのです。

1人平均月60時間以上あった残業が消滅

仕事の工程表は**1週間が原則**です。1年間とか1カ月では、なかなかすべての仕事を洗い出して工程表を作成するのは難しいからです。

この工程表の作成を命じると、どんな部下も大ブーイングです。「こんな忙しい時になんという面倒なことをさせるのか」という反発です。しかし私の経験では、**「部下がどんな仕事にどれだけ時間をかけているか」を理解している上司はほとんどいません。**部下も「この仕事を何時間でやろう」と考えてスタートすることはほとんどありません。とりあえず仕事を始めています。

たとえば工程表では、月曜日は「○○会議で2時間」「顧客訪問2・5時間」「メールチェック1時間」といったように部下が見積もりを出します。これを上司であるあなたと相談します。そこであなたは、

「この面談は、メールでも済むのではないか」

「この作業に3時間は長すぎる。2時間にしなさい」

などと具体的にアドバイスし、部下の仕事に手を突っ込むわけです。そして**1週間が終わったら実績を取り、計画との差と、なぜ差が出たのか、その原因を調べます。**

これを毎週のように実行すると、部下は業務ごとの予想時間が正確になり、工程表作りが習慣化するので作成スピードも上がります。

この工程表提出の義務化は、「かえって時間を取られる」と部下たちに大不評でしたし、指導する私にとっても時間を取られることは同じでした。

しかし、これを繰り返していくと、**部下の仕事の内容と重要度がよくわかります。**部下も私のアドバイスを受けて仕事の組み立てができると同時に、**自分の仕事の振り返りができるようになって、スピードアップにつながりました。**

しばらくすると、工程表通りに仕事を終えられる部下が増えていき、1年後には、1人平均月60時間以上あった残業が、ほとんどゼロになったのです。

以前私は、課のメンバーたちが提出してきた業務週報（1週間の業務報告）をもとに、過去1年間の作業の無駄を洗い出したことがあります。その結果、無駄をなくせば、作業は40％までカットできることがわかりました（93ページ）。

あなたの課でも、仕事ごとの適切な時間配分ができていないことが、部下たちの残業につながっているはずです。「成り行き」はいけません。計画的に働いて、無駄を徹底的に排除してください。

Q チームの仕事に無駄が多い。改善するためのポイントは？

A 「戦略的な計画立案」で、業務の無駄を半減できます。

チームを動かすのは、課長であるあなたの重要な使命。それがうまくいかないとなれば、あなたのオペレーションを見直す必要があります。ここで心してほしいことは、**チームが結果を出せなくても、部下たちに責任を転嫁しない**ということです。

できる部下もできない部下も、それぞれの能力を引き出して1つの大きな力として集結させ、よい結果を出す。これが課長の役割です。チームを生かすも殺すも、すべてはあなた次第なのです。

これはマニュアルのない難しい作業です。ただ、多くの職場で共通して使える、いくつかのやり方はあります。

まず、**部下それぞれの業務の洗い出しから始めてみましょう。**

部下たちは、自分がやるべき仕事に忙殺されていますが、よく分析してみると、無駄な仕事にもけっこう時間を費やしています。

6割の「無駄」な仕事に翻弄される部下たち

実際に、私が課長として就任したある部署では、実に6割が無駄というか、やり方次第で削減できる仕事でした。

ではどうやって、無駄な仕事を洗い出したのか。

私は、新たな部署に赴任すると、まず**部下たち全員が過去1年間にやってきた業務のフォローアップと分析**を行いました。

分析というと、何やら難しい作業のようですが、やることは単純です。

たとえば私が最初に課長になった部署では、「業務週報」といって、その週に実行した業務を1週間ごとに報告する習慣がありました。これを1カ月単位で、各業務に何日間費やしたのか書き出させました。さらに各業務について、本人が抱えている仕事のなかでの重要度ランキングを書かせました。重要度の高い順に「5・4・3・2・1」です。こうして縦軸には部下の名前を並べ、横軸には月をとった表にまとめ、**その月ごとにその部下が何を、どれだけの時間をかけてやったのかを洗い出すことから始めました。**

こうしてできた大きな表を眺めてみる。すると、重要度の低い業務を2週間もしている人がいたり、極めて重要な業務を10日間やって途中でやめて完成させていない人がいたりと、多くのことが見えてきました。

次に、洗い出した各業務について「本来かけるべきだった日数」を書き出しました。こうして適切な必要日数を設定していったところ、驚くことに、実際にかけていた時間の「4割」で仕事を終わらせることができたという結果が出ました。つまり、**その業務の質に応じて時間の割り当てをしたら、約6割が削減できた**というわけです。

工場で作る製品に、不良品など一定のロスが出てしまうのと同様、オフィスでの業務も、ある程度の無駄が出てしまうのは仕方ないことです。ただ、6割の無駄をカットすることは難しいとしても、業務の重要度に応じて事前に適切な計画を立てることで、その人の業務を半分くらいに減らすことは可能となります。

私は**「戦略的な計画立案は業務を半減させる」**と考えています。

無駄な仕事から解放してあげることで、部下たちに時間の余裕を持たせ、全体効率を上げることができるのです。

●仕事に完成度１００％はない

次に、部下たちに「業務週報」以外に**「業務計画書」**を提出させました。**１週間単位で自分のなすべき業務をすべて洗い出し、それぞれどの程度で完成するか、その工程数を書き出させます。**

その計画書に対し、私が「この業務はしなくていい。この業務は3時間とあるが1時間でしなさい」とデッドラインとともに指示します。いわば、私が部下に業務を発注し、部下は私から業務を受注するのです。

1週間後、予定の仕事を終えられなかったということも起こり得ます。ただし、「デッド」ラインというくらいですから、期日の延期は基本的にはありません。完成度が低かろうが、とにかく期日通りに提出してもらうことが原則となります。

ここで重要なのは、そもそも**仕事に完成度１００％はない**ということです。どんな業務でも、それを目指したら終わらない。どこかで必ずや見切りを求められます。無駄な作業を見極めて見切り、そのエネルギーを重要な業務に振り向けるのです。

◯プライオリティーを見極める訓練にも

工程数と期日が明確な仕事を与えられた部下は、おのずと業務ごとにプライオリティーをつけていくことになります。人の時間は限られています。各業務にプライオリティーをつけ、やるべき仕事の配分を調整していかないと、仕事が終わらない可能性があるからです。

このような**仕事の順位付けに必要不可欠な指標となるのが「業務の目的」**です。会社という組織のなかで、また課の仕事の流れのなかで、この仕事はどんな位置付けにあるのか。業務の目的を考えれば、おのずと重要度は見えてきます。期限と目的が明確な仕事をすることで、部下たちも重要な仕事が何なのかを見極めるスキルを身に付けていきます。

もしこれが、計画を立てずに始めたらどうでしょう。とにかくやるしかないと、やみくもに仕事を進め、どの業務も満足いくまでたっぷり時間をかけてしまうのが普通です。デッドラインがなければ、無駄な作業と必要な作業を見極める習慣も身に付きません。何となく仕事を進め、ある日上司に「あれ、どうなってる?」と聞かれて、それぞれの業務が中途半端な完成度のまま終了ということにもなりかねません。

業務の無駄を「見える化」する

計画を作った仕事には、報告も必要です。私の場合は、部下にはそれぞれ週ごとに、**「業務分析シート」**の提出を徹底させました。**この1週間で行った業務と、かかった時間、予定と実績の時間の差などを対比し、フォローアップするのです。**

こうして業務の無駄を「見える化」して、それを解決する術を部下に身体で覚えさせます。これを繰り返していくと計画の精度が上がっていき、自分の仕事を計画的に進める習慣がついてきます。

一般の職場では、こうした計画や実績をフォローアップする作業を求めるのは難しいかもしれません。その場合、計画は立てずに**実績だけを記録させる**だけでも効果はあります。今日1日の仕事の内容を「お客さまとの面談1時間半」「会議が2時間」「メールチェック1時間」などと書き出して並べるだけで、さまざまな無駄や反省点がわかります。この実績を課長であるあなたと部下本人とで共有します。

「もっとしっかりやれ」

「無駄を作るな」

そんな上司の言葉より、ずっと部下たちの問題意識を高めてくれるはずです。

Q 会議に時間がかかりすぎです。効率的な進め方はありませんか？

A 不要な会議はカット。かわりに少人数ミーティングを増やします。

私が初めて課長になったのは、企画管理課。社内でもとくに、主催する会議の多い部署として知られるところでした。

しかしこの頃、妻が急性肝炎で3年ほど入院し、3人の小さい子どもの面倒を見るために、毎日定時に退社することを余儀なくされました。

仕事の時間を確保するため、私がまず着手したのは、会議時間の削減でした。

もともと会議の時間が長いことに問題意識を持っていましたから、さっそく始めました。考えてみれば会議というのは、ただの報告会や連絡会になっていることが多いものです。それならメールや文書で済みます。わざわざみんなが集まって聞く必要のあることは、少ないのです。

こうした「やらなくてもいい会議」はどんどん取りやめにして、会議の数を減らしました。

会議資料の一工夫で時短を図る

次にやったのが、**必要のある会議の改革**です。

会議は時に、コミュニケーションの促進や上意下達、あるいは問題解決に大きく役立ちます。しかし、議題にあまり関係ない人たちを拘束したり、会議の運営のしかたによっては長い時間がかかります。

そこで必要な会議では、**事前に資料の配付を義務付け、その内容も簡潔にするように依頼しました。**

会議のテーブルに着いた時には、参加者全員がこの資料を読んできたという前提で、すぐに議論に入るのです。

そうした工夫で驚くことに、**会議の平均時間を約半分にまで短縮することができま**

した。これまで会議にどれだけ無駄な時間を使っていたかということです。

ぜひあなたの課でも実行してみてください。

●少人数ミーティングで質にもこだわれ

会議を減らすかわりに、**そのテーマに関連した人たちだけを集めた「少人数のミーティング」**をしばしば行いました。

課長時代は毎日数分でも、部下一人ひとりと顔を見ながら話をすることを心がけていましたが、これに加えて、**3～4人で行うミーティング**を増やしたのです。

業務について何かを確認したい時や、起こった問題を解決したい時などに、それに関係する部下だけを集めて協議する、長くても30分までのミーティングです。

少人数だと誰もが活発に発言でき、議論が深まります。

それだけにはとどまりません。自分の頭のなかにあるものを、言葉にして発することで、**自分の考えを整理することにもつながる**のです。

同時に、人の意見をじっくり聞くことは、新しいアイデアやイノベーションにつながることがよくあります。

必要のない会議を減らしたことで、内容ある少人数のミーティングをたびたび開けるようになりました。効率の悪い会議は、みんなの時間を無駄にしてしまう一方で、こうしたミーティングはチームを活性化させてくれます。

メンバーが顔を合わせながら、問題点を洗い出し、アイデアを出し合う。少人数でのミーティングというのは、チームワークの重要さを確認できる絶好の場でもあるのです。

Q 部下の仕事に干渉してしまう。任せ具合がわかりません。

A あなたが現場の仕事をするのはNG。3W1Hを明確にしてあとは任せる。

課長の醍醐味といえば、部下の仕事に手を突っ込んで業務を効率化させ、よりよい結果を出せること。また、そのたびに部下の成長を実感でき、自分の預かる組織が優れた結果を出す経験を得ることだと思います。これは、課長を部下に持つ部長や、さらに部長を部下に持つ本部長などには、絶対にできないことです。

とはいえ、部下の仕事に手を突っ込み、効率よく仕事が回るように「指導すること」と、部下の仕事に干渉して「これなら自分でやったほうが、どれだけ早いか」と、あなたが現場の仕事をしてしまうことは、まったく別の話です。

繰り返し言いますが、管理職の仕事は、現場の部下の力を結集し、組織としてよい結果を出すこと。あなたが部下の仕事をすることは、期待されていません。

過度な干渉は、部下の仕事と成長のチャンスを奪うだけです。それよりも、**部下それぞれの性格や個性をつかんで長所を伸ばしつつ、能力を存分に発揮させることに注力すべきです。**

そのためには、**「指示を出す前に、誰に何を任せるか熟考すること」**と**「仕事の適正配分」が必要**です。

部下たちは機械ではない。仕事の能力にも十人十色の個性があり、得意分野を必ず持っているものです。課長の使命は、部下たちそれぞれの能力を結集し、人数以上の成果を出すことです。そんな難しい仕事だからこそ、結果を出せた時の喜びも大きいのです。

あなたが部下たちと共有すべきことは、**「何のためにやるのか（Why）」「いつまでにやるのか（When）」「誰と誰がやるのか（Who）」「どの程度までやるのか（How）」。この４つのポイント。**これを明確にして、あとは部下に任せます。

ただし、一定のサイクルで部下の仕事の進捗状況を知っておくことも大切です。

Q 部下をもっとやる気にさせたい。どうしたらいいですか？

A 仕事の目的を伝え、能力の半歩先の仕事を与えよう。

運命共同体である部下たちの士気を上げるのは、リーダーの重要な仕事です。

これにはいくつかのテクニックがあります。

まず一番大切なのは、部下に仕事を与える時に、その仕事は**「何のためにするのか」「課内でどういう位置付けにあるのか」「会社全体での位置付けはどうか」**など、**仕事の背景や位置付け、目的を明確にすること**です。

誰でも、人に喜ばれる仕事をしたいと思っています。とくに東日本大震災以後、日本では「人に喜ばれる仕事」をしたいと、消防士や自衛官などを目指す若者が急増したといいます。

一般の会社の仕事も少なからずどこかで世の中とつながっていて、ほとんどは最終的に誰かの幸せのために役立っています。

優れた経営者がインタビューで、「我が社の最終目的は社会貢献」と答えるのを見たことがあります。「儲けている人が言うと、詭弁にしか聞こえない」とインターネットなどで非難を受けがちなのも、この手のコメントです。

でも多くの場合、それは詭弁ではなく、その経営者の本心でしょう。

人のためになる仕事をしたい。世の中のためになる結果を残したい。そんな社員一人ひとりの思いを、その経営者は代弁しているのです。

●半歩先の仕事を与えてモチベーションをキープ

部下に仕事を与える時も、こうした**先の目的や目標が見えていると、やる気は俄然上がります。**たとえば書類整理でも、ただやみくもに、

「明日までに、これお願い」と言われてやるのと、

「あの案件のベースになる資料で、うまくいけばこれを叩き台に、新プロジェクトが

立ち上がるかもしれない。さらにプロジェクトが成功すれば、世の中はこんなふうに変わっていく」

とゴールが見えているのとでは、部下のモチベーションが大きく変わります。また、仕事の方向性も見つけやすくなり、効率もアップします。

もう1つ、**与える仕事の質によっても、部下のやる気は変わってくるものです。**部下が熟練しているジャンルで、簡単にできるような仕事ばかりを与えていると、やる気はそがれます。そういった業務は別の部下に振り向けるべきです。

一方、その部下の能力をはるかに超えた困難な仕事にチャレンジさせ続けることも注意が必要です。高いハードルを設定して無理をさせ、部下をオーバーヒート状態に追い込むのは得策ではありません。

理想は、**その部下の能力の半歩ほど先を行く仕事を与える**ことでしょう。ある程度、達成感も得られてチャレンジにもなる。部下の能力を正しく評価しながら、それぞれに半歩先の仕事を与えられるようになれば、組織は必ず活性化します。

部下の成長にコミットせよ

それでも明らかにやる気が減退している部下には、**一度じっくり話を聞いて、その**

原因を共有するようにします。

もしかしたら部下は、プライベートの問題を抱えているのかもしれない。オーバーワークでストレスがたまっているのかもしれない。仕事が原因であれば、あなたの手で問題点を改善します。

プライベートの問題がある場合は、人生の先輩として、あなたなりのアドバイスを与えるのもいいでしょう。「両親などしかるべき人に相談するように」と勧めることもできます。

「指示１つ出すのに、そんなに面倒な準備がいるなら、自分でやったほうが早い」

そんなあなたの声も聞こえてきそうです。何度も言うように、管理職となったあなたの仕事は、課をまとめて結果を出すこと。**目の前の業務を早く終わらせることより、部下を育てることがあなたの使命なのです。**

そして何より課長としての喜びは、部下が成長することです。その成長のために、あなたが手を貸せることはいくらでもあります。課長であるあなたこそが、部下の成長の鍵を握っている。できるだけその成長にコミットしていってください。

Q 優秀だけど一匹狼。そんな部下をうまくチームに引き込みたい。

A 無理して引き込むことはせず、個人プレーの仕事を任せて。

ダイバーシティーという言葉を聞いたことがあるでしょう。その概念を平たく言うと、**「異端なものを受け入れる」**ということです。

人はそれぞれ違った性格やバックグラウンドを持っていて当たり前。こうした**多様なキャラクターを柔軟に受け入れてこそ、組織は強くなれる**のです。

もし、同じようなバックグラウンドを持ち、似たような考えしか持たない人たちだけで構成された組織があったらどうでしょう。会議をしてもリーダーの意見に全員賛成。致命的な問題があっても、みんな同じような物の見方だから、誰もそれに気付かない。会議の時間が節約されて効率がいいように見えますが、こんな組織は「弱い組織」といえます。なぜならリーダーが間違った選択をした時、全員が間違うからです。

一方、多様なメンバーで構成される組織は、異質な意見が持ち込まれるため対立が起こります。そのかわり、当たり前だと思っていた考え方が改めて検証され、修正されたり、時にはそこからイノベーションが起こることもあります。たとえば、新製品の開発や業務の合理化プロジェクトなどではこのようなことが有効です。

あなたのチームにいる異端児も、そう考えると貴重な存在なのです。でも日本はどちらかといえばモノカルチャーで、ダイバーシティーを受け入れるのが苦手ですね。

この手の部下は、私なら**無理してチームに引き込むようなことはしません**。会社での仕事は、どこかに必ず個人プレーで成立するものもある。そうした仕事を与えて、本人のコミュニケーション・ストレスを軽くしてあげることを考えればいいのです。

ただし、**その部下の能力を認めることは忘れてはいけません**。できれば、みんなの前で長所を認めて、組織内で一目置かれる存在にすること。こうして、その部下を孤立させない環境を作るのです。異端だろうが、コミュニケーション下手だろうがチームの一員。その能力を最大限に引き出すのがあなたの仕事です。

Q 一長一短の部下ばかり。人事評価のキモを教えてください。

A 客観評価の大敵は「好み」。苦手な部下ほど尊重する努力を。

人が人を評価するというのは、容易なことではありません。ましてや、課長のあなたが、日々家族のように接している直属の部下を評価する場合はなおさらです。

自分の部下の顔を思い浮かべてみても、誰もがいいところも悪いところも持っていて、しかるべき環境さえ与えれば、誰もが大変な力を発揮する可能性を秘めていました。もし、力を十分に発揮できていない部下がいたとしたら、それは管理職であるあなたにも責任の一端があるのです。

だからといって、全員に最高点を与えていては評価になりません。ここは親心を捨てて、できるだけ客観的な目を持って評価に臨むことがポイントになります。

この時、何よりやっかいなのは、**あなたの「好み」**です。

自分が好きな部下には、つい甘い点をあげてしまう。一方、苦手な部下には厳しい点をつけてしまうのが人情というものでしょう。ただ、**「えこひいき」だけは、評価の際の御法度であることを忘れないでください。**

●自分の物さしに押し込まない

ここで一度、課内を見回してみましょう。たいていの場合、好きな部下が２割、苦手な部下が２割、そして残りはそのどちらでもない部下といったところではないでしょうか。

私の場合は、苦手な部下は１割ほど。誰かしら気に入らない部下ができてしまうのは仕方ないことですが、私は常に部下のいいところを見つけ出し、平等に好きになろうと努力しました。

ここで挙げた例は、私が個人的な物さしで測った「好み」の話です。そんな私的な物さしは、人事評価では捨てなくてはいけません。**とりわけ苦手な部下の評価は、客**

観的視点を忘れずに、むしろ相手を尊重する努力をすべきです。

そもそも日本人は、他人と自分との小さな違いにこだわり、他人を自分に同化させようとしがちな国民ではないかと思います。

日産のカルロス・ゴーンCEOがルノーや日産の再建を成し遂げたのは、コストカットの大なたを振るったためばかりではないでしょう。日産とルノーという、「2つのアイデンティティーを尊重する」という信念を持って合併を行ったことが、成功の鍵といわれます。どちらかに同化させる合併ではなかったのです。

部下の評価も同じです。あなたの物さしに無理矢理、部下たちを押し込んではいけない。**あなたと考えの違う部下こそ、チームが進むべき、意外な道筋を示してくれることもある**からです。

●自分への評価はインフレ、他人への評価はデフレ

もう1つ気を付けなければいけないことは、誰でも**「他人への評価は厳しくなりがち」**ということです。

あからさまに「自分にやさしく、他人に厳しい」人は、周囲から軽蔑されますが、人というのは少なからず、そうした面を持っています。

たとえば、部下が仕事上のケアレスミスを続けて起こしたとします。集中力が足りないと、あなたは部下に注意するでしょう。もしかしたら、散漫な部下というジャッジをして、今期の評価を下げるかもしれない。

でも同じケアレスミスを自分が起こしたとしたら、どう思うでしょうか。「大量の仕事を振ってきた上司も悪い」など、何かしら言い訳をして、「自分は散漫である」というジャッジはしないはずです。

このように、**他人の評価はデフレ気味、自分の評価はインフレ気味に振れる**のが、普通です。

課長時代の私は、そうした評価に起こりがちな誤差を考えて、人事には、**自分の感触より甘めの評価を書いて提出するようにしていました。**私が下した評価で、その部下の昇進が遅れ、その人生を変えてしまうこともないとはかぎらないからです。

そのかわり、部下には甘めの評価をしたことを正直に伝えるようにしました。そして評価に際して目をつぶった部下の欠点は、自分の責任として細かく指導し、改善するよう心がけました。

Q 褒める技術が身に付いていません。極意を教えてください。

A みんなの前で「本気で」褒める。「叱る」とのバランスも重要です。

日本人は人を褒めるのが下手な国民のようです。その好例が夫婦です。

欧米では、結婚して何年も経った後でも、妻を「すばらしい人」「こんな素敵な女性を妻に持って、私はなんて幸せなんだ」と最大級の言葉で四六時中褒めることが、夫の義務であるかのような国もあります。

一方、日本の夫婦は、相手を褒めることがあまりありません。たとえ愛でる気持ちはあっても、それを「口には出さない」ことを美徳とする国民性のようです。

ただし、世の中に褒められて気分の悪い人はめったにいないでしょう。科学的にも、人は褒められると脳内にドーパミンが分泌され、快感を覚えることが立証されていきます。そしてその快感を再び得ようと、さらに一層努力するそうです。

「褒めて育てる」という育児方法がありますが、たしかに口うるさく小言を言うより、一言褒めてあげたほうが、相手の成長を促すことが多いでしょう。

そう考えると、褒める極意はおのずと見えてきます。褒められる喜びが大きければ大きいほど、脳内に「頑張る」→「褒められる」→「快感を感じる」という太い回路が作られ、頑張ることの後押しをしてくれます。

たとえば**「褒める時は、みんなの目の前で褒める」**また**「理由を明確にして褒める」**ことを心がけておけば、多くの部下の褒められる喜びを倍増させることができます。褒めることは部下を成長させるために欠かせない手段の1つなのです。

ただ、**過度に褒めることは避けたほうがいい。**褒められすぎた部下は高慢になり、反省もせずに、成長を止めてしまいます。褒める、叱るは、一長一短。**叱られることもあるからこそ、褒められる喜びが大きくなる場合も多い。**この2つをうまく配分するのが、管理職の腕の見せ所です。

人によって「褒める」「叱る」の割合は異なってきますが、私の場合はだいたい

「**褒める8／叱る2**」くらいに配分するよう心がけていました。部下のいいところを見つけたらどんどん褒めて、たまに叱る、くらいの割合です。

褒めるも叱るも「本気」が鉄則

リーダーには、明るい人が向いていると一般的にいわれますが、世の中には、明るくないけれど、優秀なリーダーも山ほどいます。

たとえば、楽天元監督の野村克也さんはどうでしょう。口を開けば、ぼやいたり、選手への文句を言ったり、ネガティブな言葉ばかりを発しているではないですか。どう見ても、明るいキャラクターとはいえません。しかし暗いからといって、野村さんが優れたリーダーではないとは決していえません。

たとえばあなたが野村さんタイプの課長であれば、一日中、部下たちを叱りつけたとしても、ほとんどの場合、部下は気にしないでしょう。「ああ、また言ってる」くらいに片付けられてしまうことも少なくない。

しかし、このタイプの課長がたまに見せる「褒める」カードは大変な威力を持っているはずです。過度に褒めるタイプの課長よりも、その威力は何十倍も大きいに違いありません。**褒める効果、叱る効果は、管理職であるあなたのキャラクターによって**

変わるのです。

会社人生とは長いもので、まわりの人には、その人がどんな人かはわかってしまいます。ですから、自分を飾ろうと演技をしてもほとんど意味がありません。地のままでいく、正直でいくしかありません。

ただ1つ言えることは、褒めるにしても叱るにしても、**本気でなくてはいけない**ということです。自分を飾ってはいけません。部下を成長させたいというピュアな思いがあれば多少の褒めすぎ、叱りすぎは問題ないでしょう。あとは部下がジャッジしてくれます。

Q 部下を叱るのも難しい。注意すべきことはありますか？

A 叱る基準は変えてはいけない。でも叱り方は相手によって変えること。

褒められた部下が喜んでいる姿を見るのは、上司にとっても喜びです。一方、叱られて喜ぶ部下はまずいません。叱るあなたのほうだって、気持ちのいいものではないでしょう。

だからといって、ミスをしたり、間違ったことをした部下を叱れないようでは、課長も失格というものです。**褒める時と同様、その部下のためという気持ちで本気で叱れば、そうした気持ちは相手に伝わります。**

本気で叱るとは、部下の成長を願う「愛の鞭《むち》」を振るうということに他なりません。あなたの叱咤によって部下が成長してくれなければ、ただの「鞭」になってしまうことを忘れないことです。

叱る時に注意したいのが「部下の性格」です。同じように叱っても、しばらく立ち直れないほど落ち込む部下もいれば、何もなかったように5分後にはケロリと談笑している部下もいます。

ですから、**叱り方は部下の性格によって変えなくてはいけません。**

少し叱られただけで、立ち直れないほどこたえてしまうような部下を強く叱ってしまえば逆効果で、やる気はどんどんなくなって、成長どころではなくなります。

一方、まったくこたえていない部下には、少し強くお灸を据えます。まるで、子どもを叱る時のようですが、人の心理はいくつになっても変わらないということです。

ただし、自分の好みで部下への対応を変える「えこひいき」だと思われないよう、確固とした叱る基準を上司であるあなたが持つことが必要です。

人の性格に合わせて叱るためには、**普段から部下を注意深く観察して理解しておくことが大事です。**日常業務でのやりとりを通して、それぞれの部下がどのような人間なのかを見極めておいてください。

Q 感情的になってしまいます。怒りをコントロールするには？

A それもあなたのキャラクター。素直に自分を出してみるのもいい。

管理職とはいえ、人間です。怒りをコントロールできずに声を荒らげたり、自分の機嫌の波を部下にそのままぶつけてしまうこともあるでしょう。今度はその行為を後悔して、余計にストレスを増大させてしまう。そんな悪循環が生まれてしまうことがあるかもしれません。

そんな時は、一度、感情の赴くままに動いてみたらいい。暴力などは論外ですが、怒りがわいてきたら、大きな声で怒鳴って、怒りを発散してしまうのです。

直後、あなたは馬鹿なことをしたと後悔するかもしれません。でも、部下たちはどう受け止めるでしょう。よっぽど普段温和な人が、人が変わったように豹変する場合は別ですが、あなたが感情的になりがちな人なら、たいていは「また始まった」という目で部下たちに遠巻きに見られることが多いはずです。

課長になったからといって、突然「人格者」になれるわけではありません。**普段から愛情を持って部下たちと接していれば、つい感情的になってしまうというあなたの欠点も、そういう人間、そういう個性として部下たちは受け入れてくれるはずです。**

相手を好きになることで、自分のことも好きになってもらう。**愛情を持って接することは、結局は自分のためでもある**のです。

私も課長の頃、何度も感情的になったことがあります。とくに私が普段から厳しく要求していた基本的なことができなかった時、たとえば時間や納期を守らなかった場合などです。一度、会議に遅れてきた部下を人前で怒鳴ったことがありましたが、その部下は私が時間にうるさいことを重々知っていましたから素直に謝っていました。

あなたが部下を叱ったことが「自分のエゴのためにしたことではない」とわかってもらえたら、それほど大きな問題にはならないでしょう。

Q 部下の実力差が大きくて、できる部下に頼ってしまいます。

A できる部下を教育係にして、チームの底上げを図りましょう。

あなたの課にいる部下たちについて、改めて考えてみてください。10人の部下がいたとしたら、前向きでバリバリと仕事をこなす「優秀な」社員が、2人くらいはいるのではないでしょうか。

できる部下たちは、黙っていてもあなたの期待通りの結果をいつも出してくれます。あなたは大切な片腕として、その部下たちを信頼していることでしょう。それはそうです。あれこれうるさく指示しなくても、機転を利かせてあなたの意を汲むことができる、とても便利な存在だからです。

ただし、**できる部下に仕事が集中してしまうようでは、課としていい状態とはいえません。**できる部下を「つい頼りにしてしまう」あなたの課ではどうですか。チームワークの成果は出ていますか。

何度も言うように、課長の使命は部下たちそれぞれを成長させ、チームを動かし、チームとしてよい結果を出すことです。できる部下もできない部下も、チームの一員。**全員の力を引き出し組み合わせることで、チームの人数以上の成果を出すことができるのです。**

●「できる部下」「できない部下」という幻想

考えてみてください。できる部下、できない部下といっても、人としての能力に、そんなに大きな差があるでしょうか。この本を手にして課のことを真剣に考えている、あなたのような課長がいる会社に入ってきた部下たちです。全員それなりに「優秀」な社員たちといえるでしょう。

そもそも大局で見れば、**人の能力にはそれほど大きな差はない**というのが、私の考えです。

しかも会社でのデスクワークに、人より卓越した能力を求められる仕事なんてそれほどないでしょう。簡単に言えば、少し頭を使えば誰もができる仕事がほとんどです。それなのに「できる部下」と「できない部下」がいると思い込んでいないでしょうか。大きな差はないのに「できない」ジャッジを下してしまったら、部下のやる気がなくなるだけです。チーム全体の士気低下にもつながりかねません。

それよりも**「できない」と思っている部下を、「できる部下」に変身させる方法を考える**ことです。そもそも大きな差はないのですから、やり方を変えるだけで、それは可能なはずです。

「人はそう簡単に変わらない」

これはよく聞く言葉です。でも私はそうは思わない。管理職たるもの、そんな考えを持っていては、部下たちを育てることができません。人は柔軟に変わることができる。そうして成長していくのです。

「できる部下」より「できるチーム」を意識する

つまりあなたが言う「できる部下」に頼って仕事を集中させるのは、相当まずい方法といえます。**すぐに業務配分の見直しをしてください。**要領の悪い部下や仕事の遅い部下がいたら、その効率を上げるように、まずはあなた自身が粘り強く指導してください。「できない部下」を「できる部下」に押し上げて、あなたの課全体の「底上げ」を目指すのです。

ただし、部下が多い課の場合は、できない部下全員の仕事の面倒を見るなんて、「時間的に無理」と思うかもしれませんね。でもよく考えてみてください。ちょうどいい教育係がいるじゃないですか。

そうです、「できる部下」たちです。その部下たちに**「教育」というミッションを与えて、その仕事の進め方のコツを伝授させればいいのです。**

そうして部下たち全員の力を１００％引き出し、さらに大きな結果を目指す。これが課長の務めです。

Q 雇用形態の異なる部下たちをどう束ねたらいいでしょうか？

A どんな立場でも分け隔てなく、その人の成長を最終目的に指導する。

終身雇用制が崩壊し、たしかに雇用形態は複雑化しています。同じ部署で、派遣社員や契約社員、嘱託社員たちが正社員とともに働いている会社も少なくありません。

「同じ仕事をしているのに、給料が違うのは納得できない」

非正規雇用の部下からは、そんな不満の声を聞くことも多くなっています。

私も、非正規雇用の部下を持ったことが何度もあります。なかには、ハングリー精神を持った、正社員より優秀な人もいました。そのため仕事上は、正社員も非正規雇用者も同じように課題を与え、同様に成長してもらおうと指導しました。

男性社員も女性社員も、社員も非正規雇用者も、チームにさまざまなメンバーがいるのは当たり前。ロボットを部下に持つ時代でもこないかぎり、この問題は解決しません。でもそんな部下たちがそれぞれ仕事を通して成長し、その喜びを感じられるようにすることが、あなたの使命なのです。

方法は１つ。仕事を通じての**「自己の成長」という報酬を部下たちに感じてもらうことです。**

仕事をする目的は、お金という報酬を得ることだけではありません。**仕事を通して成長することこそが仕事をする最終目的**だと私は考えます。そしてそれを一つひとつ達成していく喜びは、お金を手に入れるより大きいものだと、私は信じています。

だから、**どんな立場の部下も分け隔てなく、その人の成長を最終目的に指導を行いました。**努力してやり遂げた部下には、さらにやりがいのある仕事を与えて、成長のバックアップをしました。実はそうして成長した非正規社員の何人かは、正規社員として採用しました。

「ご都合主義」なんて思われません。あなたに部下を成長させ、幸せにしたいというピュアな志さえあれば、必ずいい結果につながると思います。

Q 頼りにしていた女性社員が産休に。その穴をどう埋めたらいい？

A 彼女の成長のための機会と考え、チーム一丸で乗り切るのみです。

出産後も仕事を続けたいと思う女性社員が増えて、このような産休問題があちこちの職場に起こり、対応のしかたが話題になります。

とくに男性上司の場合は、出産や子育てといった女性ならではの人生のイベントに口は出せないと、アンタッチャブルなものにしてしまいがちです。つまり、その意義をよく理解しないまま、無条件で目をつぶってしまうのです。

こういう課長が率いるチームでは、1人の女性社員の産休や育休をめぐって、トラブルが起こることがよくあります。仕事を押し付けられた他の部下たちから、産休を取った女性への不満が噴出するのです。

私個人は、女性部下が結婚・出産し、子育てをしながら仕事を続けることは、本人にとっても会社にとってもプラスになる、むしろ歓迎するべきことだと考えています。人には、仕事以外にも成長する場が必要ですし、**出産、子育てといった経験は、必ず仕事にもリターンがあるからです。**

産休は彼女の研修期間。

あなた自身がこのことを意識して、チームのメンバーに強く語りかけ、共有してみてはどうでしょう。職場に復帰すれば、彼女はこれまで以上の戦力になると期待することで、チームのみんなが彼女を応援し、一丸となって産休期間を乗り越えようと結束が強まることも多い。これぞチームワークの醍醐味です。

私はこれまで、女性社員が産休を取る時は、派遣社員などを入れて、その帰りを待つようにしていました。

派遣社員を入れるのが難しい場合は、**課の業務にプライオリティーをつけ、当面は価値の低い仕事を減らしていく。**人が欠けるということは業務を見直し、無駄を排除するいい機会にもなるのです。

チーム力を上げる

Q 部下同士が衝突しています。チームの人間関係を改善したい。

A まずは原因を見つけて調整すること。仕事の配分に気を配ることも必要。

チーム内で部下同士のもめ事が起こると、いいことは何もありません。当事者間の連携がうまくいかないのはもちろんのこと、他の部下たちが余計な気を使い、1つの争いが火種となって、別のもめ事が課内のあちこちで火の手を上げることもあるからです。

業務を効率よくシェイプアップし、部下たちの心に余裕を持たせることは、部下同士の不要な衝突を防ぐという意味でも重要です。

それでももし、部下たちが衝突を起こしたら、課長であるあなたは**両者の言い分を聞いて、調整しなくてはいけません。**

これでおさまれば幸いですが、人間関係というのは、そう単純ではありません。あなたの介入で、一見、仲直りしたように見えて、意外と長く相手への怒りを腹に持ち続けることも多いのです。当面は、**両者があまり濃密に接触しないで済むよう、別々のプロジェクトを担当させるなど、仕事の配分に気を配りましょう。**

さらに長引くようなら、部下のどちらかを異動させるしかない場合もあります。ネガティブな思いを持つ者同士が同じチームで働くことは、組織全体の仕事の効率を悪くします。

考えてみれば、会社のなかで起きる社員間のもめ事は、陰口を叩いた、叩かれたということがきっかけで起こることが多いようです。とくに最近は、メールやＳＮＳなど、陰口を簡単に広められる環境も整っています。

これは、管理職であるあなたにも覚えておいてほしいのですが、陰口をあとで知ると大変不愉快なものですし、大きなわだかまりを残すことにもなります。どうしても何か言いたい時は、**本人にはっきりと話すべきです。**

チームカを上げる

Q 課としてはまとまっているが、停滞しています。どう打開する？

A メンバーのローテーションを図り、チーム内の風を入れ替えましょう。

あなたはすでに、部下たちそれぞれの力を最大限に引き出し、チームとして成果を上げているのでしょう。部下たちは仲がよく、みんな気持ちよく働いている。そんな課を作り上げたあなたは、きっと優秀なリーダーです。願わくは、勝手を知った部下たちと、ずっと一緒にやっていけたらいい。そう思っているかもしれません。とはいえ、それは課のため、また部下たちのためにも、最善の道とはいえません。

気心の知れたチームでは、情報の伝達がおざなりになることが多くなります。言わなくてもわかるだろうという甘えから、連絡を怠ってしまうのです。よく言えば「あうんの呼吸」ですが、**きちんと言葉にせず感覚で仕事をしていくと、時に行き違いが生じることもあります。**

たとえば、チームのコンセンサスを取っていたはずのプロジェクトが動き出して１週間後、各自の業務のすり合わせをしてみたら、みんな違う方向に動いていたといったことも起こる。プロジェクトは最初から練り直しになり、大きなロスが生じます。

私は部下たちに、仕事の目的とデッドラインを明記した計画書を、業務に着手する前に提出させることを徹底していました（95ページ）。それでも「あうんの呼吸でわかってくれるだろう」という甘えが、部下同士、また私と部下とで共有する情報を不正確なものにしてしまうことがありました。

マレーシアでの大型の設備投資の発案書について作業していた時のことです。６月の経営会議に上程する予定でいましたから、５月末には部下があらかたの資料を作ってくるものと考えていました。５月末に資料はまだかと聞いたところ、ほとんど進んでいない。本当に驚きましたが、部下たちに確認してみると、７月の経営会議と勘違いしていたことがわかりました。まったくお互い思い込みをしていたようです。スケジュール表に記載し、書類で確認しておかなかった手落ちでした。

◎「以心伝心」という罠には注意する

思い込みというのは、実に恐ろしいものです。

一方、これがもし、よく知らない同僚や部下が相手の場合だったらどうでしょう。相手が何を考えているのかつかめないので、感覚ではなく、細部まで言葉や文章で確認します。一見、非効率のように思うかもしれませんが、実は**この確認作業こそが、業務のロスを大きく減らしてくれるのです。**

また、ダイバーシティーの考え方からいっても、チームの活性化に「異論」は不可欠。みんなが同じことを考えているような仲のいいチームでは、何を言っても全員一致で賛成。発想の転換は起こりません。

ぬるま湯のような環境は、部下の成長にとっても、障害になることがあります。

気心知れた同僚や上司に囲まれたチームは、ストレスのタネも少なく、部下たちにとっては仕事のしやすい環境かもしれません。そしてそれぞれの部下は、チームのなかで自分のポジションを確保し、得意な仕事に熟練していくでしょう。

でも、人として成長するということは、自分の仕事だけに熟練することではありません。**自分には経験のない新たな課題を与えられ、悩み苦しみながら、課題をクリア**

していくことが、人を成長させるのです。

◎慣れない部署での困難が部下を成長させる

私自身、「なぜここに私が？」という、違和感のある異動を何度も経験しています。社長のスタッフとして経営企画室を経験した後、その時の社長の指示で異動した部署は、それまで歩んできたスタッフ業務とはまるで違う、営業の仕事でした。

私は、慣れない営業の仕事で多くの難しさを経験しました。〝土地勘〟のあるスタッフ部署の課長であれば、まず味わえないような経験も数多くありました。そういう異質な分野を経験したことが、自分の成長につながっていきました。そしてこの経験は、その後、私がビジネスマン人生を歩んでいく上で大いに役立ちました。

つまり、組織にとっても本人にとっても、異分野へのローテーションは活性化の大きな武器になります。課内が団結してまとまっているのはもちろんいいことですが、課長のあなたの使命は、部下を成長させることでしたよね。

「もったいない」は禁物です。

課内にマンネリ感が生まれてきたら、それはメンバー交代のサイン。チームと部下、両方のために、そろそろローテーションを考え始める時です。

Q 部下が退職を願い出てきました。止めるべきでしょうか？

A まずは誠意を持って、本人の話を聞くことから始めて。

部下が会社を辞めたいと申し出てくる。これは、上司にとってショックなできごとです。あなたがこれまで自分のことのように、その成長を見守ってきた優秀な部下ならなおさらです。

でもその部下には、何かしら不満があったということでしょう。だからこそ退職を願い出た。これまでその不満に気が付かず、何も手を打てなかったのは、あなたの怠慢でもあります。

会社にとって社員は財産です。入社以来、時間と費用をかけて、じっくり育てた人材を他社に持っていかれることは、大変残念でもあるし、惜しいことです。

私はかねてから、「この会社で働くことに疑問が生じたら、会社を辞める」と心に決めて働いてきました。幸い東レでは、自分がのびのびと仕事ができたので、定年まで「辞める」というカードを出すことはありませんでした。

一方、部下たちによく言っていたのも、こんな言葉です。

「東レは最終の職場ではないことを忘れるな」

私のこの発言が上層部の耳に入り、「人材の流出を促進する気か」という注意を受けたことがあります。私は決して転職を勧めていたわけではないのです。「どうしても会社を辞めなくてはならなくなった時、他の会社に移っても通用するスキルを磨いておけ」という意味で言ったことです。

◯転職リピーターを生まないために

実際のところビジネスパーソンは、頭のよさやカンの鋭さより「人間力」が勝負です。

会社という大きなチームのなかでは、何より人としての総合力がものをいう。仕事を通して、そうした力を身に付けた人は、仕事内容が変わっても、会社が変わっても、どこでもその力を発揮できます。

反対に、いつも仕事に不満を持って人間的に成長できないような人は、どこの部署に行っても不満を言うもの。会社が変わったところで、しばらくすると、また同じように不満を口にして転職を繰り返します。

とくにその部下が前者の場合、**全力で部下の退職を引き止める**というのが原則です。それには、本人と膝を突き合わせての話し合いが必要になります。

◎部下の不満をじっくり聞いて、改善を約束する

まずあなたにも、言い分はあるでしょう。部下がチームから抜けることは大変な痛手でしょうし、もし不満を持っているのであれば、それをできるかぎり改善しようという意思もあるはずです。

ただ、**あなたのそうした言い分を、先に伝えてしまうのは逆効果。**まずは本人の話をじっくり聞いて、退職の意思の本気度を確かめてください。

「退職を願い出る」といっても、もう次の転職先が決まっているような、かなり現実味のある申し出もあれば、会社への不満を「退職」という形で表明していることもあ

ります。後者ではとくに、まだ本人にも迷いがあるでしょうし、話し合い次第では引き止め成功の確率は高まります。

転職先が決まっている場合でも、本人の決意を変えることは不可能ではありません。不満の原因をよく理解して、誠意を持ってその改善を約束することで、私は全体で半分くらいの退職の申し出を覆すことができました。

ただ過去に一度だけ、本人の言い分を聞いて、素直に退職を認めたこともありました。「天職」とは、神様が与えた「今の仕事」のこと。そう考えたいものですが、自分の目標や性分にどうしても合わない仕事に就いてしまうミスマッチも、ごくまれですが起こります。

その場合、仕事を通して自分が成長するという大きな目標は、叶えられないことになってしまいます。まさに彼はそんな部下でした。**この会社の仕事がどう考えても部下に合っていないと思った時は、退職の申し出を認める勇気も必要でしょう。**

すべては部下のため。そういう気持ちを持っていれば、あなたの判断は間違ったものにはならないはずです。

Q 大きなミスが発生！どうすれば部下を守れますか？

A 下手な温情は禁物。ミスを繰り返さない指導が大切です。

「あなたにとって部下とは何ですか？」

もしそんな質問を受けたら、私はすかさずこう答えると思います。

「家族に近い存在です」

かつての家族主義的な日本型の経営は、高度成長期の終焉とともに、幻想だの、不合理だのといわれ、次々と姿を消していきました。でも私は今も、理想的な部下と上司の関係は、「家族に近い存在」に他ならないと思っています。

家族が危険にさらされた時、家族の長が守るのは当然のことですし、いまだ成長していない子どもを育てるのは親の責任です。

苦境にある部下を守り教育することは、課長の役割です。**自分を守ってくれたり、育ててくれたりすれば、部下の上司への信頼感は増し、チームとしての結束も強くなるでしょう。**

●「守る」ことは「甘やかす」ことではない

ただ、この「守る」という意味をはき違えないでほしい。守るという行為には、時と場合によって、さまざまなやり方があるのです。

ミスによって生まれた損害が、会社の経営を揺るがすほど大きかったり、業務上過失などの罪に問われるようなケースは別ですが、それ以外の部下のミスには、大きく２つあることを忘れないでください。

まず、たった一度のミスであれば、本人に厳重処分が下されたり、あなたの管理責任が問われることはそう多くはないはずです。人というのは、どれだけ注意を払っていても必ずミスをおかすもの。それこそ温情で、おとがめなしという処分になることもあるでしょう。

でも、その大きなミスを部下が複数回繰り返してしまった場合は、話が変わります。

前回の失敗を省みず、また同じようなミスを繰り返した。これは、たまたま起こってしまったヒューマンエラーとはいえません。本人はもちろんのこと、**それを事前に防げなかったあなたもまた、責任を問われて当然です。**

いずれにしても、あなたが部下のためにすることは1つ。同じミスを二度と起こさないように、**チェック体制を強化する**しかありません。

その上で私なら、本人にボーナスカットなどのペナルティを与え、「次に同じことをしたら、将来の昇進の可能性は少ない」ことをはっきりと伝えます。

すでに事の重大さに気付き、落ち込んでいる部下にさらに鞭を打つような処分ですが、ここで**温情は禁物。**この痛みによって、**二度と部下がミスをしないようになれば、結果的に部下を守ったことになるのです。**

また、部下の違法ぎりぎりの行為が発覚した時も同様です。本人との面談と周辺からの聞き取りで、その行為が起こった状況を細かく調査します。もし、書類の書き間違いなど、うっかりミスが法をおかす行為につながった場合は、一度だけは目をつぶる。また、可能であれば大事《おおごと》にせず、表面化させないことも時には必要です。二度と同じミスを繰り返さないように、管理体制を見直して、部下を指導してください。

一方、書類の故意の書き換えやセクハラ行為など、明らかにグレーゾーンを越えた違法行為に対しては、減給などの処分を下し、始末書を提出させなくてはいけません。下手な温情は、何より部下本人のためになりません。間違いをおかした時の上司の甘い態度は、また繰り返すリスクを生むだけです。

●弱い者を受け入れ「理」「情」「恐怖」を見せる

私の息子は、自閉症児として生まれてきました。この子の存在が、私の人間としての許容範囲を広くしたようです。チーム内で後れを取る「弱い」部類の部下に、先に目を向けるようになったからです。ミスをした部下たちもまた、弱い人間です。

部下を育てるということは、子どもを育てることに似ています。

「正面の理、側面の情、背面の恐怖」

日本弁護士連合会会長を務め「平成の鬼平」と呼ばれた故・中坊公平さんは、リーダーが部下に示すべき姿をこう表現しました。

通常は正面から「理」で説得し、時々は側面から「情」でサポート、しかし何度言っても聞かない人、ミスを繰り返す人には「わかっているな」という恐怖を匂わせる。あなたもそんな課長を目指してください。

Q クレーム対応において課長がするべきこととは？

A 基本は当事者の部下に対応させる。ただし部下を守ることを約束して。

クレーム対応については、まさしくケースバイケース。業種によっても部署によっても「顧客」といえる対象は変わり、クレームの内容もさまざまです。課長であるあなたは、どんな事態にも対応できるよう策を考えなければいけません。

私の場合、クレーム対応は基本的に、**クレームを発生させた部下に任せる**ようにしていました。「もっと偉い人を呼んでこい」というのは、クレームに付きものの言葉ですが、事情を一番知っているのは、当事者であるその部下です。課長が出て行ったところで、謝罪に必要な「事が起きた原因」などは、部下からの伝聞でしか知ることができません。こちらに落ち度があった場合、現場を知っているかどうかで、謝罪の本気度にも差が出てきます。

クレームで頭に血が上っているようなお客さまは、そうした謝罪の態度に敏感です。上司の謝罪に納得できず、今度は「部長を呼んでこい」ひいては「社長を呼んでこい」と要求をエスカレートさせるのが常です。実際にクレームが発生した現場とはどんどん離れていき、謝罪はますます形骸化していきます。

それよりも事情を知る部下がリアルな状況を説明し、本音で謝罪したほうが、よっぽど効果は高いのです。

もちろんあなたは、**本人に経緯の詳細を報告させ、リアルタイムで把握しておくことが必要**です。そして、どうしても部下の手に負えない場合は自分が出て行って、部下を全力で守ることも約束します。こうして部下は落ち着いた気持ちで、クレームに対応できるのです。実際に被害額が出てしまうようなクレームの場合などは、課長の私が相手先に飛んで行くこともありました。

クレーム対応は、誰にとってもできればやりたくない仕事です。それだけに、部下を成長させる貴重な機会にもなるはずです。

Q 熱心に指導しているつもりが、パワハラと言われ困っています。

A 信頼関係があれば「指導」となる。部下への態度を見直すこと。

パワハラとは、簡単に言えば「上司による部下いじめ」。厚労省はその典型例として、「身体的な攻撃」「精神的な攻撃」「人間関係からの切り離し」「過大な要求」「過小な要求」「個の侵害」という6つの例を示しています。

ただし、「身体的攻撃」など、明らかにパワハラに当たるものは別として、他はどこまでがパワハラで、どこまでが厳しい指導になるのか、セクハラに比べて判定が難しいのが、やっかいなところです。

たとえば、昔の職場には「バカヤロー」と部下を叱りつける上司がどこでも普通にいたでしょう。これは厳密に言うとパワハラワードです。相手の人格を否定し、精神的にダメージを与える言葉にもなりかねません。

ところが、同じように「バカヤロー」と言われても、精神的苦痛を受ける人もいれば、聞き流せる人もいる。信頼関係のある相手から受ければ指導となり、不信感のある嫌いな相手から受ければ、それはパワハラ。そうです、**パワハラになるかどうかは、相手に対する感情や相手の態度・姿勢が大きく作用するのです。**

あなたは、部下によかれと思ってやっている指導がパワハラだと言われ、戸惑っているようですね。せっかくの部下たちへの思いが無になったと、悔しい思いをしているのでしょう。**でも部下たちを非難する前に、まずは一度、あなたの部下に対する態度を振り返ることが必要です。**

指導の名のもとに、相手の人格を傷つけてはいませんか。部下たちの個性を認め、尊厳は守っているでしょうか。

手ひどい傷を与えてしまえば、部下の成長など望めません。一方、同じ指導でも、相手の尊厳を守り、幸せを心から願っていれば、その思いは相手に通じるものです。

Q 違法ぎりぎりのことを上司に命じられた時の対処法は？

A まずは専門部署に相談。部下を関与させることは厳禁です。

コンプライアンスは、今やどんな企業にとっても必要不可欠な理念です。生産地の偽装や賞味期限の書き換え、粉飾決算、盗作、株価操作など、コンプライアンス上、問題を起こした企業は信用を失い、最悪の場合、崩壊するというリスクを負います。

ところがあなたも言うように、管理職になってみると、現場の社員であった時には見えなかった、会社のブラックな一面が見えてくることがあります。違法ぎりぎりの指示を、あなたに命じてくることもあるかもしれません。

グレーゾーンとはいえ、違法なのか合法なのか、法律家でもないあなたに、判断を下すことはできないでしょう。ですからまず、**社内の専門部署に相談する**ことです。それで法に触れる可能性を指摘されたら、断る勇気も必要です。

あなた1人の問題として処理できるなら、グレーゾーンの指示を受けようと受けまいと自由です。ただしあなたは課長で、部下たちの人生もあなたの肩にのしかかってくる。コンプライアンスについてもっと啓蒙しなくてはいけない部下たちを、相反する行為に関与させることは、断じてしてはいけません。

コンプライアンスに反する業務に加担することで、一時的に会社に利益をもたらすことはできるかもしれない。しかし、会社は利益のためだけに存在しているわけではありません。仕事を通して、世のため人のために貢献することが、すべての企業の存在意義なのです。**反コンプライアンス的な業務に手を染めて、たとえ結果を出したとしても、それは決して世のためにも会社のためにもなりません。**

そのような行為が明るみに出た場合、会社は大きな社会的制裁を受けるでしょう。一時的に得た利益の何倍もの代償を払い、結果として会社は大損害をこうむることになるのです。

Q 酒の席で失態をおかした私。どんな態度で部下と接するべき？

A 失敗には本気で頭を下げる。下手な言い訳や正当化は御法度です。

部下や上司の本音を知るために、飲み会は重要なコミュニケーションの場になることがあります。ただし、お酒の勢いで、人を罵倒してしまったり、セクハラ行為をしてしまったりと、後々まで残る深刻なトラブルを引き起こす場合もあります。

あなたはまさに、そんな最悪なことをしてしまったということですね。

最近の若い人のなかには、お酒を飲まない人も増えているようですが、これは飲み会の席に素面《しらふ》の人が増えるということです。酔っ払い同士の無礼講ならまだしも、素面の人に冷めた目で酒の失態を見られることほど、恥ずかしいことはないでしょう。落ち込む気持ちもよくわかります。

まずは、**部下たちに素直に謝ることです**。もし、特定の誰かを傷つける言動をしたのであれば、その本人にも頭を下げて、きちんと謝罪します。**下手な言い訳や自分を正当化することは御法度**。どんなに恥ずかしくても、本音で謝罪してください。

これはあなたのミスです。程度にもよりますが、あなたが部下の一度のミスなら許すように、信頼関係さえあれば許してくれるミスもあるはずです。何より、部下たちとは家族より長い時間を会社で過ごしており、あなたのことをすでに熟知しています。酒の席での失態だけで、その評価は変わりません。

ただし、このようなことは何度も起こしてはいけません。お酒の上での失態は、けっこう高くつきます。お酒は身体にとって、薬にも毒にもなるもの。それはお酒をコミュニケーション・ツールとして考えた時にもいえることです。飲まれないように、くれぐれも注意してください。

Q 最近、部下の様子がおかしい。うつ病かもしれません。

A 兆候があれば専門医を受診させ、直ちに治療を始めるのが最善。

あなたがその部下の様子の変化に気付いたということは、他の部下たちも、何らかのサインを受け取っているはず。まず、他の部下にも様子を聞いてみることです。もしうつ病の兆候があるようなら、すぐに産業医などを受診させなくてはなりません。

私はこれまでに、10人近い部下をうつ病で病院に連れて行きました。また妻も、私が課長の時にうつ病を患い、自殺未遂を繰り返すなど、この病気の苦しさを長年、間近で見てきました。幸い妻は今、日常生活を送れるほどに回復していますが、この経験からわかったことは、**この病気は周囲の対応が非常に大事**だということです。

うつ病の原因となるものは、ストレスや大きなショック。原因は1つではなく、さまざまな要因が複合的に絡み合ったものであるといわれています。そして、原因の大小には関係なく、その後の対応次第で、何年も苦しむことになったり、薬を服用するだけですぐに職場に復帰できたりするのです。

しかもこれは心の病。**うつ病に気付いていない、あるいは気付いていても対応のしかたがわからないといった上司の言動が、症状を悪化させてしまうこともあります。**同僚が悪気なく励ましてしまい、ますます追い詰めてしまうというトラブルもよく起こります。ですから、**早めに専門医に治療を委ねるのが最善の道**です。

「心の風邪」と説得して専門医を受診させる

うつ病の症状としてよくいわれるのは、「興味や喜びの喪失」「食欲の障害」「気力の減退」など。このような目に見える症状がある場合は、まだいいのです。普段から部下たちの様子をよく見るようにしていれば、その変化を早めに察知できます。

一方で、本人すら気付かずに、病状を静かに悪化させてしまうことも少なくありません。本人は病気だと認めたがらないし、病院、とくに精神科には行きたがりません。

大きな会社には「心の相談日」などがありますから、そこに連れて行くのもいいでしょう。精神科に行きたがらなければ心療内科でもいいです。

私の妻がうつ病を患っていることを周囲は知っていましたから、この病気のことを私がよく知っていることはみんなわかっています。それでも「違います。疲れているだけです」と拒否する部下はいました。

この病気は、責任感の強い人ほどなりやすいといわれています。自ら仕事を休んでまで病院に行くケースは、むしろまれといっていいでしょう。

大事なことは、**本人の話をゆっくり聞いてやることです。**本人は何らかの自覚症状や焦りの気持ちを持っているので、それを吐き出させます。こんな時こそ、日頃の部下との信頼関係がものをいいます。

まず本人の心の悩みをよく聞いてあげて、きちんと事実を受け止めた上で、私の場合は「身体が風邪をひくように、心が風邪をひいただけ。風邪の薬を飲みに行こう」と言って、部下を医師のところに連れて行ったものでした。

◯責任のありかより、早めの対処が先決

今や生涯にうつ病を経験する日本人は15人に1人といわれています。どこの部署に

も１人はいるほど、当たり前の病気になりました。

そうはいっても、たびたび課内からうつ病の部下が出るような場合は、働かせすぎていないか、あなたの言動がストレスを与えていないか、もう一度、業務の流れと部下への自分の対応について、見直してみる必要があるでしょう。

ここで注意しなければいけないことは、**自分が部下をうつ病にしてしまったと、あまり自分自身を責めないこと**です。

先ほども言ったように、うつ病のスイッチを入れてしまうのは、複合的な原因です。仕事が忙しいところに、親が倒れ、そこに工事の騒音で不眠になるといったストレスが重なれば、誰でもうつ病になる可能性はある。あなた自身にもその可能性があることを覚えておきましょう。

あなたが今からすべきことは、過去を悔やむことより、適切で早急な対処です。まずは部下を病院に連れて行き、原因を正しくつかみ、職場に問題があればその改善に努めることです。

Q 部下のコンプライアンス意識をどのように高めたらいい？

A 「世のため人のために貢献する」。その理念を繰り返し叩き込むのみ。

製造業や建設業では、毎日のように「安全・防災」を繰り返し社員に言い聞かせています。何よりも人の命が大事だからです。コンプライアンスも同様です。コンプライアンス意識は、反復連打で教え込むしか手はありません。**朝礼の場、新年の挨拶など、あらゆる場で何度でも部下にコンプライアンスの大切さを説く**ことです。

グローバル経済のなかで、いくつもの発展途上国が参入し、日本企業は今、厳しい競争環境に置かれています。この激しい競争に打ち勝って、利益を出さなければならない局面にあります。だからといって、利益を生むことが企業の最終的な目的と思ってはいけない。利益とは、企業が生きていくための1つの条件にすぎないものであり、決して企業の究極の目的ではないのです。

では、何のために企業は存在しているのでしょう。ドラッカーは「企業の目的は顧客の創造である」と説きましたが、言い換えれば**「世の中のニーズにこたえ、世のため人のために貢献する」**ことだと私は考えます。

ここでタイレノール事件のエピソードを紹介しましょう。

アメリカの国民薬といっていいほど普及していた解熱鎮痛薬「タイレノール」で、1982年に毒物混入による死亡事件が起こった時、製造元のジョンソン&ジョンソン(J&J)が取った対応は今でも語り継がれています。

毒物は第三者が不正に混入させたものと考えられますが、J&Jは直ちにテレビや新聞で情報を公開しました。経営トップ自らが「タイレノールを飲まないように」と呼びかけ、全米の店舗からタイレノール約3100万個を回収しました。

広報・回収の費用は約1億ドル(当時の為替レートで260億円超)にも上ったとされます。しかしJ&Jの経営者会議では、多額の資金を投じることに誰からの反対もなく、この決定をわずか1日でしています。緊急時対応のマニュアルはありませんでしたが、「消費者の命を守る」という経営理念（我が信条　Our Credo）を全員が共有し、すばやい決断を下したのです。この英断により、J＆Jは社会の圧倒的支持を受け、信頼を勝ち得て、次の飛躍を遂げたといいます。

しばしば自動車のリコール（回収・無償修理）問題が大騒ぎになりますが、自動車会社の対応の遅れが世の強い批判を浴び、消費者の信頼を低下させたケースがあります。薬品だけでなく、自動車や食品など人の命を預かる製品は技術的に完璧さが求められます。メーカーも百も承知で絶対に欠陥のない製品を作るべく日夜努めていますが、いくら努力しても、時に問題のある製品が出てくることは避けられません。

そうした緊急事態に備えて、企業に求められるのは、**「消費者の命を守る」「社会に貢献する」などといった原則を社員に浸透させ、情報公開と再発防止策を適切かつ迅速に実行できる風土を定着させること**なのです。

何度も言いますが、企業の目的は利益ではありません。利益は条件であり、企業は社会への貢献のために存在していることを忘れてはいけません。

そして人も、お金のためではなく、顧客や社会のため、つまり世のため人のために働いているのです。タイレノール事件から学ぶべきものは多いと思っています。

第3章

「コミュニケーション」を極める

Q 私の指示やアドバイスが正確に伝わっていないようです。

A 指示の出し方に問題があるのでは。4つのポイントを押さえてください。

これは部下の問題というより、**あなたのコミュニケーションに問題がある可能性が大きい**。自分自身のコミュニケーション力を再確認して、改善していくことから始めましょう。

会社の仕事を「チームで動く必要のあるもの」と「1人でできるもの」に分けるとします。職種によっても異なりますが、平均で考えると、チームで動く仕事のほうが6対4くらいで多いと思います。

チームワークのほか、顧客とのやりとりでもコミュニケーション能力は必要になります。たとえばコンピューターのプログラミングをするSE。画面の文字列と格闘する孤独な作業と思いがちですが、仕事にはたいてい発注者という存在がいます。顧客が求めているものを正しくつかんでニーズを察知し、それをプログラムに置き換えていくことが本当の仕事です。つまり、顧客の意図を的確に汲み取る能力も必要になる。これも一種のコミュニケーション能力です。

「言わない美徳」が日本企業をだめにする

このように、仕事には多くの場面でコミュニケーション能力が求められます。

私は常々、このコミュニケーション能力の不足が、日本企業のウィークポイントだと感じていました。「そんなこと、言わなくてもわかるだろう」「仕事はオレの背中を見て学べ」。こうした、語らないことを「よし」とする文化が今も残り、仕事の効率を低下させています。

言葉なしに「察する」ことも、1つのコミュニケーションではあるかもしれません。でも、これには時間がかかります。あなたが部下に出す指示も、「あとは言わなくてもわかるだろう」と簡単に済ませると、受け取った部下たちは、**その指示の後ろにあ**

るあなたの真意が何か、理解するのに時間を取られてしまいます。

だらだらと手取り足取り細かく指示しすぎても、部下たちは身動きが取れなくなり、やる気も失います。あなたがつきっきりで手を出してしまったら、部下が自分で考えることをしなくなり、部下は育たなくなります。

そこで私は、何かプロジェクトが始まる前には必ず、**「プロジェクトの必要性」「自分の考え」「必要なデータ」を整理して書き出すようにしました。**

この大筋の方向性を文書などで部下たちに伝えたら、具体的な作業についても次の4つのポイントをしっかり決め、明確な言葉にすることを心がけました。103ページでも触れましたが、**「何のためにやるのか」「いつまでにやるのか」「誰と誰がやるのか」「どの程度までやるのか」**の4つです。

とくに大きなプロジェクトが始まる時は、この4つのポイントをチーム全員で共有していないと、無駄な動きや時間が発生します。しばらくして報告書を出させると、チームのそれぞれが、まったく違う方向で仕事を進めていた、ということにもなりかねません。

「察する」能力は、部下によっても差があります。言葉にして提示しなければ、足並みは揃いません。**同じ指示を出しても伝わる人もいれば、伝わらない人もいます。**部下の特性を見ながら、それぞれに合った伝え方をする努力も必要です。

◯コミュニケーションは双方向で成り立つ

もう1つ大切なことは、**部下があなたの指示に納得して仕事にかかっているかを確認すること**です。現場を一番知っているのは、あなたより部下。もしかしたらその部下は、指示されたことより先になすべき作業があると思っているかもしれません。

でも、上司に対しては、そんな意見を飲み込んでしまうことも少なくない。そして上司は、**部下が何も言わないので納得していると勘違いしてしまう**のです。

不満があっては、仕事の効率は下がります。そうした飲み込んだ思いがないか、指示を与える時に確認することが必要になります。もちろん「わかるだろう」はいけません。言葉で明確に伝えるのです。

課長に求められるコミュニケーション能力とは、まさにこうしたやりとりの積み重ねです。信頼関係は、部下の仕事を手伝うことでは生まれない。あなたがどれだけ部下を思いやり、その成長を手助けするかで生まれるものだと思います。これに不可欠な日々のコミュニケーションには、決して手を抜いてはいけません。

Q 部下との信頼関係が築けるか、自信がない。コツはありますか？

A 日常的に顔を見て話しかけ、真摯な気持ちで接することです。

あなたはもしかしたら、自身の「人としての素質」に自信がないのかもしれませんね。頭脳だけではなく、全人格をかけて仕事をしなくてはいけない課長という職をやっていると、仕事のスキル以上に、自分の人格を問われる場面が多く出てきます。ある仕事のスキルが熟練したとしても、人として熟練しているかはまったく別の話。ましてや30～40代の課長職では、人として完成しているはずがありません。だからこそ努力して、部下を成長させつつ、自分も成長していく。こうした志があれば、必ずや部下はついてきます。

部下との信頼関係を構築するための「架け橋」となるのは、**コミュニケーション**です。「それなら、年に一度の面談で十分」と答える若い管理職もいるかもしれません。そんな面談で、コミュニケーションを図れたと思わないでください。年に一度では、まったく足りません。**日常的に、3分でも5分でもいいから「ちょっと座れよ」と言って顔を見て話す**ことです。

部下の表情や話し方からは、体調や仕事の進み具合、着ているものからは家庭の状況まで、読み取れることもあります。たとえ3分、5分のコミュニケーションでも、メールでやりとりする数十倍もの情報を得ることができるのです。

そして何より大事なことは、**「真摯」であるということです。**

仕事の指示を出すのも、部下とコミュニケーションを図るのも、部下たちの成長を願うのも、すべての場面で、あなたは「真摯」でなければなりません。課長が自分の成長のために努力してくれている姿を見れば、おのずと部下たちは心を開き、信頼関係ができてきます。

課長の仕事を考えると、部下との信頼関係はあなたにとって最強の武器。大丈夫、あなたの真摯な思いは、きっと部下たちに通じます。

Q どうやって部下の本音を聞き出せばいいでしょう？

A まずは自分が本音で語ること。そして、聞いた話を漏らさないこと。

私の経験から言うと、「部下の本音がわからない」という人は、**そもそも部下の話を聞いていない**ということが多い。部下を知りたければ、まず部下の話を聞くことです。

私の課長時代は、まず着任した時に、部下たち一人ひとりと長い面談をしました。そして日々、3分や5分でも顔を見て話すことを心がけ、さらに春と秋の2回、それぞれ2時間の面談をするようにしていました。

春と秋の面談では、最初の1時間はプライベートの話題に終始。「お父さんとお母さんは元気？」とか「娘さんは今年小学校だよね」といった話題を振って、部下にたっぷりおしゃべりしてもらうようにしていました。

人間というのは、基本的に自分のことを話したがります。**でも、「何でも聞く」という姿勢で聞かなければ、相手は話をしてくれません。**

上司との面談は、苦手とする人が多いものです。面談のたびに叱られたり、自分の弱いところを指摘されれば、それは気が重くなって当然です。でも、自分のことをたっぷり話せる楽しい面談であれば、歓迎する部下は多いのです。

そういえば、以前私の部下だったある女性から「あの頃の佐々木課長との面談が、待ち遠しくて、楽しくて懐かしくて」といった年賀状をもらったことがありました。

プライベートの話を1時間した後は、仕事の話をすることにしていました。ここでも多くの部下たちの本音を聞くことができます。

●部下から聞いた話は外に漏らさない

こうした面談で大切なことは、**面談で部下が話したこと、とくにプライベートなことを絶対に他に漏らさない**ということです。

面談でプライベートな話をしても、そのことがどこにも漏れないということがわかると、部下たちはさらに本音を話し始めたものです。

つまり、同僚や後輩、そして会社への愚痴や不満が出てきます。一見、本人のわがままにすぎないような愚痴のなかにも、その課の抱える問題の本質が隠れていることがありました。

もう1つ大切なのは、**部下の本音を聞きたければ、自分も本音で部下と接する**ことです。「物わかりのいい上司」「自分の背中で部下に道を示す上司」「厳しいけれど人情味あふれる上司」など、あなたなりの、理想の上司像があるはずです。でも、その理想に近付きたいと思うあまり、自分を飾ってはいけません。

あなたは部下たちから注目される存在です。部下たちは生身のあなたを毎日のように観察し、あなたのことをあなた以上に知っているのです。いくら装っても、すぐにばれてしまいます。だから、地でいったらいいんです。

あなたが相手を思えば、相手も思ってくれる

どんな時でもとは言いませんが、なるべくなら、**部下たちの前で自分を作らないようにすることです。**プライベートの悩みを話すこともあれば、普段は抑えていても時

には感情的に部下を叱りつけることもあっていいと思います。でも、それもこれも、自分のすべてを総動員して、部下たちとぶつかっていく姿勢があればこそ。正直に、真摯に部下と接すれば、相手はそういう人だと受け止めます。

「管理職は全人格をかけてぶつかる仕事」。私がよくこう言うのは、そのためです。

あなたが部下たちを伸ばしたい、成長させたいと思う愛情も、本物でなければいけません。部下を叱るにしても、大切なのは相手のことを思って言っているかどうかです。そういう気持ちさえあれば、自分の成長のためのアドバイスと、部下たちは受け取ってくれるはずです。

相手のことを思っていれば、相手も自分のことを思ってくれます。そんな素直な気持ちで部下たちに接することです。

Q 年上の部下とうまくやるコツはありますか？

A 特別扱いはしないこと。オフでは先輩として立てましょう。

私は部長時代、4年も上の先輩を部下に持ったことがありました。終身雇用制と年功序列が崩壊して以来、こうした「ねじれ」の現象は、どこの会社でも普通に起こっています。あなたのように、年上の部下を持つ課長も少なくないでしょう。

私は30歳頃から、**社内の人をすべて「さん」付けで呼んでいました**。普通は先輩には「さん」を付けて呼び、後輩に「君《くん》」を付けて呼ぶ人が多いですが、そういうことを止めました。

私は、自分より若い人でも、ある分野では私より優れた人を知っています。反対に私の先輩でも、ある分野では私のほうが優れたところがあることにも気が付きました。それで先輩であろうが後輩であろうが、みんな「さん」付けで呼ぶようにしたのです。たとえば、昨日まで目の前に座っていた先輩のAさんが、ある日突然、自分の部下になった時のことを考えてみましょう。

部下になったからといって、まさか先輩を「A君」と呼ぶわけにはいきません。こうなると、Aさんだけが課内で特別な存在になってしまう。最初から全員を「～さん」と呼んでいれば、こうはなりません。先を越された先輩のほうも、あなたに特別扱いされることで、余計にプライドが傷つくこともあります。**先輩部下に、特別扱いは厳禁**です。

一方、ゴルフや飲み会など、**プライベートな場所では先輩部下を立てるようにしてきました。**昇進することは「偉くなった」わけですが、人として偉くなったわけではありません。役割が変わっただけなのです。

先輩のキャリアは、課の財産でもあります。あなたと良好な関係を築くことができれば、チームの重要なキーマンとして活躍してくれるでしょう。そんな先輩の力を引き出すことも、今となってはあなたの仕事なのです。

Q 上司と部下に、家族ぐるみのつきあいは必要ですか？

A 部下への強要はしない。自分のプライベートはオープンに。

課長時代、年に2回行っていた部下との面談を、プライベートの話題から始めていたのは、何も部下の口をなめらかにするためだけではありません。部下は家族に近い存在であり、仕事をする前にさまざまな事情を抱えた1人の人間です。家族やプライベートの話も、その部下を深く知るための大切な情報となります。

ファミリーデーと称して、家族を職場に招き、その仕事ぶりを見せる日を設ける会社も多くなりました。私も会社のファミリーデーで見せる部下たちの意外な顔に、知らなかった一面を教えてもらった経験が何度かあります。

ただ、昔と比べ、部下のプライベートの姿を垣間見る機会は減ってきていることもたしかです。結婚式の仲人を上司に頼んだり、家族も含めて部下を家に招いてもてなしたりといった話は、最近ではほとんど聞かなくなりました。

会社とプライベートはオンとオフというくらいで、まったく別の世界。そんな考えから、家族も巻き込む古いタイプの人間関係は仕事には必要ないと考えている若い社員や、家族のことをかたくなに話さなかったりする部下も、なかにはいるようです。

●部下のプライベートは無理に聞かない

そうした部下たちに、プライベートを申告させたり、家族ぐるみのつきあいを強要することはやらないほうがいいでしょう。オンとオフの考え方の違いが、あなたへの不信感につながることもあります。

つまり部下のプライベートは**「強要しない範囲で」**という注釈付きで、人間的な関係性を築き上げる上で「知っていたほうがいい」というアドバイスにとどめたいと思います。

そのかわり私は、**自分のプライベートはなるべく部下に話すようにしていました。**

ちょうど課長に昇進した頃は、妻の肝炎と息子の自閉症のことで、家庭内が混乱を極めていた時期。時間に追いかけられ、会社の仲間にも協力してもらわなければならなかったので、家庭の事情を部下に話しました。

聞いた部下たちは、初めは一様に驚いたものの、自分の知り合いの例を出して私を励ましてくれる部下もいました。夕方6時に会社を出なくてはいけない私を、サポートしてくれる部下もいました。そういうことをしているうちに、部下のなかには自分の家族のことを話してくれる人も出てきました。

問題を抱えていない人など、世の中にはいません。でもそれをどの程度出せるかは、人それぞれ。誰でも自分の弱点は人に見せたくないものだからです。

運命は、いいことも悪いことも「引き受ける」

なぜ、私は悩みを部下たちに話すことができたのか。

私は**「運命は引き受けよう」**という考え方を持って生きてきました。

小さい時に父が亡くなったこと、大学受験に失敗したこと、東レに入社したことも、妻と結婚して自閉症の子が生まれたことも、すべてが自分に与えられた運命です。そのすべてを引き受けて生きていく、そんな気持ちで日々過ごしてきました。

人生において、変えられないことや自分では選択できないことはいくらでもあります。両親も兄弟も家庭もそうです。その与えられた環境のなかで、努力しながら生きていかなくてはならないのです。

まわりで起こることは運命と思っていましたから、部下たちに弱みを見せることも平気でした。多くの部下たちは、私のそうした生き方に共感してくれ、同時に心を開いてくれるようになったような気がします。真摯に生きるあなたの生きざまを見せることで、部下との信頼関係ができあがっていくのです。

Q 部下が自然についてくるような人間力を身に付けたい。

A まずは基本的な礼儀から。さらなる研鑽には「自分憲法」を。

人間力を身に付けることは、一朝一夕でできることではありません。さかのぼれば、その人の生まれ持った性格も関係してくるでしょう。何十年もかけて培ってきたその人の物の見方も、そう簡単に変えられるものではありません。

しかし、**「よい習慣は才能をも超える」**のです。これは仕事の才能だけの話ではない。仕事の原動力となる、人間としての才能にも当てはまります。つまり、**よい習慣によって、人間力を磨くことが可能なのです。**

「よい習慣」の重要なものの1つは、**基本的な礼儀を身に付ける**ことです。

たとえば、「嘘をついてはいけません」「人と会ったら挨拶をしましょう」「約束は守りましょう」「間違ったことをしたら、勇気を持って謝りましょう」といった礼儀正しさです。

小学校にも上がらないくらいの頃に、誰もが大人たちに繰り返し教えられたことばかりです。実はこれが、基本的な人としての礼儀なのです。いい大人に何を言うのかと思う人もいるかもしれません。でも不思議なことに、子どもの時にはできていたこれらの約束を、大人になるにつれて守れなくなる人が多いのです。

たとえば**挨拶**です。あなたの会社では、毎朝きちんと「おはよう」と声をかけてくる人が何人いますか？　多くの職場では、自主的に挨拶する人は少なく、よくてこちらの挨拶にこたえる程度。ひどい時には、こちらの挨拶にもこたえず、無言で受け流す人さえいるのではないですか？

◯「礼儀正しさに勝る攻撃力はない」

時間を守るということも、「約束を守りましょう」という基本的な礼儀に通じます。

とくに社会人にとって、時間厳守は最低限のルール。タイムマネジメントが、仕事の重要な要素だからです。「タイムマネジメントができる人は仕事もできる」といってもいいほどです。

あなたの会社の会議でも心当たりがありませんか。どんな会議でも、誰よりも早く席に着き、時間内で必ず会議を終わらせる。そんな人が、周囲に1人や2人、いると思います。その人の仕事ぶりを思い出してみてください。限られた時間を上手に配分して、有効に使うタイムマネジメントに長けている人が多いのではないでしょうか。

一方、しばしば会議に遅れる人がいます。その人が到着するまで、会議は始めることができません。会議の終了時間が押して、その日の計画が予定通りに進まないという事態も起こる。そうなると遅刻した人は、他人の貴重な時間を奪っていく「時間泥棒」といってもいいのです。

たびたび遅刻を繰り返すなど自分自身のタイムマネジメントができていない人が、遅刻した部下を叱りつけたところで、反発を生むだけで終わってしまいます。

「礼儀正しさに勝る攻撃力はない」

これは、『ビジネスマンの父より息子への30通の手紙』(G・キングスレイ・ウォード著)の一節です。私も部下たちに読むことを勧めている有名なビジネス書ですが、この言葉はなかでも印象的なものだと思います。

礼儀正しさという「よい習慣」が、あなたの人間力を高める、強力な武器になることは間違いありません。

●目線を合わせて相手と同化する

また人間力には、コミュニケーション能力も不可欠な要素となります。これも才能がないとあきらめてはいけません。たとえば、**話し方に気を付けるだけで、コミュニケーションは何倍もスムーズになることがあります。**

一番の近道は、**話す相手と目線を合わせる**ことです。役職が上でも下でも、年齢がどれだけ離れていても、相手の立場になって目線を合わせていく。

これには、まず相手の話をじっくり聞くことが大切です。相手のことを知らなければ、目線を合わせることもできません。

課長時代の私にとって、部下たちは家族に近い存在でしたから、長所も短所もすべてひっくるめて、部下たち一人ひとりの個性を認めることができた。そして、その成長に力を貸しました。部下の成長は、私の喜びにつながっていきました。

とはいえ人間ですから、どうしても好きになれない部下や、かんに障る部下ができてしまうこともあるでしょう。そうした部下も、好きになるように努力してください。

誰にも分け隔てなく、愛を与えられること。これも人間力には必要不可欠な条件です。人に愛される前に、人を愛することです。

「自分憲法」を定期的に作って部下と共有する

こうした人間力の研鑽を、バックアップしてくれるものがあります。それは**「ミッション・ステートメント」**です。自分がどうしたいかという思いを、言葉にしてきちんと表明するのです。

『7つの習慣』（スティーブン・R・コヴィー著）という本にはこんな一節があります。「人生の最後の姿を描き、今日という日を始めることだ」

つまり「目的」を持つということです。そのためにコヴィーは、「個人的な憲法や信条となるミッション・ステートメントを作る」と説いています。こうした自分憲法ができて初めて、物事がスタートします。

私も40代の半ばから、年始に「年頭所感」というミッション・ステートメントを書き、部下たちに渡していました。

今年の自分はどのような考え方で、どんな仕事をするのか。それを年始に書き出し、部下たちと共有するのです。

仲間である部下たちに、自身の目標を知ってもらうという目的もある一方、こうして自分の考えを人に伝えるということは責任が生じることです。自分の思いを再確認するいい機会にもなり、目標に向かう自分のモチベーションが上がるというメリットも生まれます。

また、**自分自身をフォローアップできる**ということも、ミッション・ステートメントの効能の1つです。仕事は自分を成長させる場とはいえ、ペーパーテストで評価されるわけでもなく、その成長をなかなか実感することができません。

そこでミッション・ステートメントを活用するのです。**過去何年かの、私の「年頭所感」を振り返ってみると、そこには自分の成長の軌跡が刻まれています。**こうして、自分の成長を実感することができます。

ミッション・ステートメントは、**定期的に作ることが大切。**そしてこの成長の実感は、私の自信となり、自身の人間力の研鑽に間違いなく力を貸してくれたと思っています。

Q 価値観の異なる部下と上司の間で板挟みになっています。

A 普遍的価値観で世代間の橋渡しを。納得できない指示は伝えなくていい。

あなたの部下とあなたの上司では、価値観が違って当然。板挟みになるのはよくわかります。

まずはここで、課長とは何かについて、もう一度確認してみましょう。課長とは、管理職の一番下のポジションです。トップの考え方や指示を、現場の部下に的確に伝えるという仕事も求められています。

この「的確に」というのがポイントです。ただ単純にトップの指示をそのまま部下に流しては、伝わるものも伝わらず、反発を招くこともあります。

一方、現場の実情をトップに伝えるのも課長の仕事です。同じように部長は課長をまとめ、役員は部長をまとめ……というように、何段階もの仲介人を経て、初めてトップに現場の情報が伝わるようになっています。

つまり、**板挟みになることは、あなたの重要な仕事の1つでもあります。**業務上の使命として受け止めて、真摯に取り組むしかありません。

立場と世代間のギャップが生む軋轢

ではまず、板挟みの原因を洗い出していきましょう。

1つに、経営側と社員との立場の違いがあります。

現場の社員の仕事は、与えられた業務を正確に遂行することです。一方、経営側は、会社の成長や利益のために社員にさまざまな指示を出すのが仕事です。昨日出した方針が、環境の変化で別の指示になることもあります。課長はそのような変化が起きた時、部下に適切に説明してやらなくてはなりません。

もう1つ大きいのが、ジェネレーションギャップという問題です。

経営側は50代、60代の人が占めることが普通です。日本経済が右肩上がりだった時代を知る世代はいまだに、滅私奉公の精神で会社に尽くすことが、会社員の働き方と考えている人が多いのが現実です。

それに対して若手社員たちは、働くことの価値観が変化しており、働くことばかりではなく自分の時間を求めています。

最近よく若者の間で「社畜」という言葉を聞きますが、会社の奴隷となって、自分の時間を失っている人のことを揶揄する言葉のようです。つまり、20代の若い社員たちは、「滅私奉公こそ美徳」という経営者の考えを冷ややかな目で見ています。

◎自身のフィルターを通して部下を守る

こうしたトップと部下をうまく橋渡しするのは、容易なことではありません。ただし、あなたの部下も上司も、同じ日本社会で生きています。埋められないほどの価値観の差があるわけではありません。共通点もたくさんあるはずです。

たとえば「社会貢献」や「顧客第一主義」といった理念は、いつの時代も普遍的です。異を唱える人はほとんどいないでしょう。**こうした共通した価値観を、上司から部下へ、きちんと伝えていけばいい**のです。普遍的な理念を共有することは、あなたと上司とのコミュニケーションを深めることにも役立ちます。

一方で、**自分がどうしても納得できないと思う指示は、部下たちに伝える必要はない**と私は考えます。上からの指示をそのまま右から左に流すだけなら、あなたは必要ありません。あなたというフィルターを通すからこそ、部下たちも納得できるのです。

そして部下をトップの故なき圧力から守るという態度が認められてこそ、部下たちとの本当の信頼関係が生まれます。

Q 忙しい上司とのコンタクトを効果的に取りたいのですが。

A 定期的な報告と相談を習慣に。時間は30分。事前の用件提出が必須。

課長の最終的な使命は、部下の力を引き出し、よい結果を出すことです。でも、あなたもまた、直属の上司にとって「部下」であることを忘れてはいけません。課長というポジションには、**部下にとっての「有能な上司」であると同時に、上司にとっての「有能な部下」であることも求められます。**

自分の課の仕事をスムーズに進めるためにも、上司との信頼関係は重要です。信頼関係を構築できれば、上司は強力な味方となって、あなたの課をバックアップしてくれるでしょう。

これには、上司との上手なコンタクトが大事になります。部下との信頼関係を作るのもコミュニケーションなら、上司との信頼関係を作るのもコミュニケーションです。

上司とよい関係性を築くには**「定期的な報告と相談」**を行うことです。

私の課長時代は、**だいたい2週間に一度の割合で、部長に30分の面談の時間を作ってもらうようにしていました。**

事前にペーパーを提出し、口頭で答えをもらう

上司にアポイントを入れるコツはこうです。

まず、**上司のスケジュールをチェックします。**比較的余裕のある日を見つけたら、そこに30分ほどのアポを入れます。とくに忙しい上司の場合はなかなか難しいのですが、何とか時間をもらいます。

アポを入れたら、**必ず用件を書き出し、事前に文書で上司に提出しておきます。**簡単でいいのです。たとえば「報告事項3件（1）Aの件…（2）Bの件…」「ご相談したきこと2件（1）Cの件…（2）Dの件…」と、こんな具合です。これで上司は、面談希望の内容が一目でわかりますし、人は前もって予告があると落ち着きます。

面談の当日は、この文書をもとに口頭で回答をもらいます。もう1つ、「ご相談したきこと」についてでは、あなた自身の考えをまとめておくことも忘れずに。そして、「1番目のご相談ですが、これにはA案とB案があります。私はこういう理由でA案でいきたいと思います。部長はどう思われますか？」

というように、あなたの考えと理由を最初に説明してから、上司の判断を仰ぐようにします。するとたいてい上司は「A案でいけ」と言います。考えるのが面倒ですし、部下が一生懸命考えてこれでいきたいと言えば、よほどおかしくないかぎり、それでいけと言います。そうすれば、しかるべきところに行って「私はこう考えます。私の上司もそう言っています」と言えば、相手は「これは組織で検討してきたな」と思うでしょう。仕事がやりやすくなります。

定期的な上司との面談に多くのメリット

上司との面談を定期的に、決まったパターンで進めていくという「習慣」を作ることで、さまざまなメリットが生まれます。

面談をルーティン化することで、**普段の私の業務に上司が細かく口を出したり、小言を言ったりすることが減りました。**なぜなら、「佐々木は2週間に一度は必ず報告に来る」という認識を、上司が持ったからです。

もし、定期的に報告をしない課長だったらどうでしょう。上司は進捗が気になって、「頼んだあの仕事はどうなった？」などと、頻繁に口を出してくるものです。

自分が迷った時、経験豊かな上司のアドバイスほどありがたいものはありません。しかし、チームが目標に向かって急いでいるような場合、現場を知らない上司の口出しが、ありがた迷惑になることも少なくありません。「2週間に一度必ずアポを取る習慣」は、そうした**無用なトラブルを回避することにつながります。**

また、この面談は決まったパターンの反復ですから次第に効率化され、30分のアポを取っていても20分、15分で終わるようになるのです。

すると、上司は残りの時間で雑談を始めたりします。**おのずと上司の関心事に気付いたり、お互いのプライベートを語る機会も多くなります。**夜のつきあいをしなくても、それなりの人間関係を築くことができるようになるわけです。私の場合、上司の息子さんの問題の話し相手になったこともありました。

日々の業務の報告、相談だけでなく、こうして上司との信頼関係を築くためにも、定期的な面談は効果的なのです。

上司を味方に付ける

Q しばしば意見を変える上司にどう対処したらいい?

A ブレる人だと肝に銘じて「先手」を打てば、被害は最小限に食いとめられます。

「ブレる上司はリーダーの資格なし」と私は考えます。

なぜなら、ブレるということは、確固とした信念を持たずに、**思いつきで行動しているる証拠に他ならない**からです。

最終的に部下たちを引きつけるものは、リーダーの持って生まれた才能より、**その志や信念**です。信念を持たないリーダーに、部下たちはついていきません。

ところが現実には、あなたの上司のように、信念を持たない人がリーダーというポジションに就くことがあります。

上司がブレることでチームの計画の変更を余儀なくされたりすると、チーム内の士気は下がり、これまであなたが進めてきた仕事も一からやり直しということになります。被害は決して小さくありません。

そうならないためにも、その上司はブレる人だと肝に銘じて**「先手を打つ」**ことです。つまり、**「この上司の意見は変わる」ということを前提に行動する**のです。

まず、指示がおかしいなと感じたら、代案を出して確かめます。または、これは違うなと思ったら、すぐには取りかからず、しばらく手をつけないことです。

あなたが代案を出しても上司の指示が変わらない場合は、反論すべきでしょう。ただ、**反論とはいえ軽く指摘する程度にとどめること。**感情的な反発は、相手を意固地にさせます。それに上司を責めたところで、変わる可能性はあまりないからです。

感情的になって下手な軋轢を生むより、ブレる上司はまたいつかブレると心得ることです。

これを心に留めておくだけでも、「意見が変わった時の対応策を事前に考えておこう」など、先を読んだ対処ができるようになります。

Q 直属の上司のさらに上の上司をうまく攻略する方法は？

A まずは日常的な挨拶から。相談事は「短時間」で済ませること。

「ボス・マネジメント」という言葉を聞いたことがあるでしょうか。文字通り、**上司をマネジメントする技術**のことです。アメリカの大学院では、MBAコースの1つにこの科目が設置されていることがあるほど、一般的な理論です。

この言葉からもわかるのは、「部下は上司に対してひたすら受け身の存在ではない」ということです。**あなたが上司をマネジメントすることで、その存在価値を最大限に高めることができるのです。**

あなたの上司は、人事評価や人事異動の権限を持っています。でもそれ以上に、あなたのチームの仕事の方針や方向を決める大きな権限を持っています。

日頃からあなたは上手にコンタクトを取り、上司があたかも自分の考えであなたのチームの方向を決めたかのような運営をさせることが大事です。そういう意味で、上司を誘導するスキルが必須となります。

2段上の上司を侮ってはいけない

あなたが言うように、直属の上司にはさらに上司がいて、この2段上の上司もあなたにとってある意味で大事な上司です。たとえば部長があなたの直属の上司であるとしたら、本部長などが「2段上」に当たります。

会社によって異なる場合もありますが、たいていは、課長は大勢の現場社員をまとめ、部長は課長たちをまとめ、本部長は部長たちをまとめるという、ツリー型の組織になっていると思います。

つまり上に行くほど、まとめるべき人数が減ってくる。あなたが現場の社員だった時に2段上の上司だった「部長」より、課長になったあなたの2段上の「本部長」のほうが、あなたとの関わりはずっと密になっていると思います。

この2段上の上司の存在は、意外に重要です。直属の上司が一旦ＯＫを出した案件でも、2段上の上司が「ノー」と言えば即座に立ち消えになりますし、反対に直属の上司に通らなかった案件も、2段上の上司の後押しで実現するということも起こり得ます。

さらに自分がやりにくい苦手な上司がいたら、この2段上の上司を使って直属の上司を動かすということも可能です。

ベテランならではのアドバイスを活用せよ

また2段上の上司ともなれば、ビジネスパーソンとしての経験も豊富で、相談を持ちかければ、的確なアドバイスをくれることも多い。私は、わからないことがある時や迷った時には、あれこれ悩まずに、社内にいるその筋の専門家や経験者に教えを請うことにしていました。

会社の仕事というのはパターン化された作業が意外に多く、先輩たちの助言が、いとも簡単に正解を導き出してくれることも少なくないのです。経験豊富な2段上の上司も、あなたにとって、そんな貴重な知恵袋となる存在です。その意味でも注意深く、良好な関係を築いていくことが大切です。

そうした人とのコミュニケーションの基本になるのは、まず**挨拶**です。

部内やエレベーターなどで顔を合わせることがあったら、きちんと挨拶をする。当たり前のことですが、意外と実行している人が少ないのです（177ページ）。

できれば挨拶の後には、

「この前の会議では貴重なアドバイスをありがとうございました」

「先日のスピーチに感動しました」

など、ちょっとした一言を添えると、さらにいい。

こうして**普段からコミュニケーションを取っておくと、いざ2段上の上司に助けを求めたくなった時に、自然に相談に乗ってもらえるようになります。**

ただし、相談を持ちかける時は、**「何事も短時間で済ませる」**ことが大切です。「2〜3分でけっこうですから」とアポイントを入れ、結論を先にぶつけて実際に短時間で終わるように心がけます。

「あいつの話は簡潔ですぐ終わる」

そんな印象を2段上の上司に持ってもらえれば、次からのアポイントにも気軽に応じてもらえるようになるでしょう。

上司を味方に付ける

Q 直属の上司とさらに上の上司が違う指示をしてきたらどうする？

A 最終判断は直属の上司に委ねる。2段上の上司とのやりとりも報告を。

直属の上司とその上の上司が異なる指示をしてくるということは、2人はあまり良好な関係ではないのかもしれません。部下と上司の板挟みだけでなく、今度は2人の上司の板挟みになってしまう心配もあるでしょう。

1つ前の質問で、2段上の上司とのつきあい方の基本を示しました。こうして良好な関係を築けるようになったとしても、**忘れてはいけないのが直属の上司の存在です。**

あなたが直接、2段上の上司とつきあうことを、直属の上司が快く思わないこともあるからです。

たとえば部下が、あなたを飛び越えて、部長に直接仕事の相談事を持ちかけていたらどうでしょう。なぜ、まず自分に相談しないのか、何か自分に知られたくない情報を上げているのではないか。そんな不信感を持つかもしれません。

あなたの直属の上司も同様です。２段上の上司と直属の上司の仲がうまくいっていない場合はなおさら、つきあい方には注意を払わなければなりません。

余計な誤解を生まないためにも、**２段上の上司とのやりとりを、原則、直属の上司に報告することです。**

「本部長（２段上の上司）はＡ案で進めろと言っていますが、いかがしましょう？」と**直属の上司に判断を委ねるのです。**

そして「自分を飛び越えた」というネガティブな思いを持たれないよう、時には「たまたま本部長にお会いした時にうかがったのですが……」といった多少の「脚色」が必要になることもあります。

あなたがもっとも注意を払うべき上司は、直属の上司。その基本を忘れないようにして、２人の上司をいずれも味方に付ける努力をしてください。

Q そりの合わない上司がいます。どう振る舞うべきでしょうか？

A 4つの心得で「部下力」を磨く努力を。上司を研究すれば、道は開ける。

あなたはそりの合わない上司と、直属の上司・部下の関係になってしまったということですね。

今のあなたは、現場の一社員だった時とは、まるで立場が違います。あなたの下にいる何人もの部下を守るという使命もある。そりが合わない上司の言動に対して感情的に反発したり、むきになったりせず、なるべく早く穏便に上司との関係を改善していかなければなりません。

ここは課長としての勉強の場を与えられたと考えて、**初心に帰り、今一度「できる部下」を目指してください。**自身の**「部下力」**を磨くということは、あなたの下にいる部下たちの心情を理解することにも役立ちます。

上司の視点になって自身を観察してみる

私がこれまで部下たちに話してきた、「部下力」を磨くためのポイントは次の４つです。

１つは、**「上司の注文を聞く」**ということ。もちろん、上司の指示をただ聞いているだけでは不十分です。上司の視点に立って、自分が求められていることのゴールを探っていくのです。

たとえばあなたが部下に仕事を与える時、完成度や期日、アイデアなど、その仕事を通して部下たちに求めるものがあるはずです。上司から与えられた仕事も同様です。仕事をしていれば、誰もが何度も分かれ道に突き当たります。どちらに行こうか迷ったら、上司の視点を持って考えてみます。上司がこの仕事を与えることで、自分に求めている真のゴールは何か。それが見えれば、どちらの道を選ぶか、おのずと見えてくるものです。

このように、上司の視点を持って考えてみることは、あなたの視野を広くし、進むべき正しい道を教えてくれます。これが「上司の注文を聞く」ということなのです。

2つ目は**「上司の強みを知って、それを生かす」**ことです。44ページでもお話ししたように、優れたイミテーションは、自分で考えた小さなイノベーションに勝るのです。上司には、交渉力がある、数字に強い、特定分野に人脈があるなどといった、何らかの得意技があるものです。上司はあなたにとって、もっとも身近なお手本。上司の強みを知り、それを活用することで、自分の強みとするように心がけます。できる上司はできる部下を生むのです。

上司を研究して、その思いにこたえる

「上司への報告やコミュニケーションは、相手にもっともふさわしい方法を選択する」というのが3つ目です。

上司のなかには、そのつど報告がほしいという人もいれば、まとめて報告してほしいと思う人もいます。口頭で話すのが好きな人もいれば、文書で出すほうが効率的と考える人もいる。その上司にふさわしい方法を探って、やり方を上司に合わせていくことが大切です。

最後は**「上司を驚かせてはならない」**ということ。これは、どんないいことも悪いことも、上司に頻繁に報告するということです。

とくに悪い報告は、言いにくいこともあって先延ばしにしがちですが、こういうことこそ、兆候が見えた時点で報告すること。大事《おおごと》になってから突然、上司に報告して、驚かせてはいけません。

何かが起こった時にすぐ報告すれば、上司もいろいろと対応策を考えてくれますし、実際に動いてくれます。しかし、トラブルが起こってしばらく経ってから報告したりすると、後手になって解決しにくい状況になっているかもしれません。

上司の立場になってみれば、報告を先延ばしにされたところで、何もいいことはありません。あなたはますます評価を落とすだけです。

「部下力」を磨くための4つのポイントは以上です。もう気が付いたでしょうか。この4つには、どれも**「上司の立場になって、その真意を探る」**という姿勢が必要になります。

ためしに、あなたの悩みのタネになっている上司相手に、どれか1つでも実行してみてください。上司をよく研究し、その人にふさわしい対応をしたあなたに、上司は今までとは違った目を向けるはずです。

おわりに

多くの課長から寄せられた悩みについて、これまで本編でアドバイスをしてきましたが、私も課長になったばかりの頃はいろいろと悩んだものでした。

一刻も早く成果を出したいと、「欲」を持って仕事を進めていた時期もありました。仕事がうまく回らないと、部下のせいだ、あんな部下を配属した人事のせいだと、責任を他者に転嫁する。部下との信頼関係は悪化し、結果を出すどころか、ますます仕事の効率も低下していきました。

「認められたい」「偉くなりたい」といった目先の欲でチームを動かそうとしても、部下たちは動きません。悩んだ私は、リーダーには、別のもっと大事なものが必要であることを学んだのです。

それが、これまで私が課長の条件として何度も話してきた「志」です。つまり、何かを成し遂げたいと強く思う気持ちのことです。

今振り返ってみても、私が部下たちと厚い信頼関係で結ばれたのは、この志のおかげです。部下たちを成長させて幸せにしたい、自分も成長して幸せになりたい、そんなピュアな志に部下たちは信頼を寄せてくれ、チームは大きな成果を出すことができました。

部下たちは、一人ひとりが心を持った人間です。リーダーの権限で、あの仕事をさせたり、この仕事をさせたりと、物理的に彼らを動かすことはできるかもしれません。でも、彼らの心を動かすのは、やはりリーダーの心以外にないのです。

とはいえ志というのは、ほしいと思っても、すぐに手にできるものではありません。口先だけでいくら志を語っても、それが本物かそうでないかは、ほぼ毎日、会社であなたと接している部下たちには、すぐに見抜かれてしまいます。

志とは、逆境と闘って初めて手に入れられるものです。時間をかけてもいい。遠回りしてもいい。さまざまな壁にぶつかり、それを乗り越えてこそ、手にできるものなのです。

たとえば、病気の妻にかわって自分が家族を守るんだという私の志は、業務の効率化と時短という成果を生みました。人は、何かを強く思えば、それを成し遂げようと、あれこれ工夫していくもの。そこへたどり着くための最善の道を、どんなことがあっても見つけ出そうと努力します。志を持ち、それを成し遂げようとまい進することで、あなたの人生を一気に巻き返すことだってできるのです。

こうした志は、上司から部下へと伝播します。上司の志が本物であればあるほど、部下たちは上司の力になりたいと努力するでしょう。それがまた新たな志を生み、最善の習慣を生んでいくのです。

また、志を持つことは、自己実現の可能性を広げます。逆に言えば、志を持たない人は、そもそも実現したいと思う自己のビジョンを持っていないため、それを実現することもできないのです。

仕事というのは、究極を言えば、大金を稼ぐためのものでも、偉くなってステータスを手に入れるためのものでもありません。目的はただ1つ、自分を高めたいという自己実現の場だと私は考えます。仕事を通して、自己を実現する。仕事にあなたの人生を捧げるのとはまったく違います。あなたの人生を豊かにするために、仕事を使わせてもらうのです。

課長の使命は、部下を成長させ、自分も成長することに他なりません。志を部下と共有し、部下にも志を持ってもらう。口先だけでないあなたの志は、必ず部下たちに通じ、強い信頼関係が生まれます。

コミュニケーションが苦手、と目をそむけてはいけません。管理職になった以上、あなたの自己実現を成し遂げてくれるのは部下たちであり、その心をつかむのはあなたの仕事です。コミュニケーション術のマニュアル本を手に取る前に、志一つ持てば、それが最強のコミュニケーション術になり得るのです。

このように志を持ち、それを成し遂げようとすることで、本書で私が繰り返し言ってきた管理職の心得のほとんどをクリアすることができます。

「管理職とは、人格すべてをかけて打ち込む仕事」

そう繰り返したのも、このためです。

管理職になってからの私は、海外事業の開拓などを手がけ、やがて東レの最年少取締役となりました。東レ経営研究所の社長になった後、現在はその特別顧問を務めています。

今振り返ってみると、これまでの波瀾万丈な人生のなかで私が持ち続けてきた「志」は、「愛情」と言い換えることができると思います。

部下たちを愛し、家族を愛し、そうして私は、自己の成長という実感を手に入れることができました。家族の病気など何もかもが悪い方向に進んでいき、八方ふさがりだった当時、私を奮い立たせてくれたのは、母から言われた「どんな運命も引き受けなさい」という言葉、そしてこの実感でした。

日本の企業を取り巻く環境は、まだまだ先の見えない状態が続きそうです。でも大丈夫。人を愛せない人などこの世にはいないように、志を持てない人はいないのです。

自信を持って、あなたの手ですばらしい課を作ってください。

最後に、あなたに紹介したい本があります。

それはキングスレイ・ウォードというカナダの実業家が書いた、『ビジネスマンの父より息子への30通の手紙』です。

苦労して大学を卒業したキングスレイ・ウォードは、公認会計士として6年間働いた後、化学事業を興して成功しました。しかし、働き盛りに二度にわたる心臓の大手術を経験。死に直面した彼は、自身のさまざまな経験から学んだビジネスのノウハウや人生の知恵を、生きているうちに息子に伝えるため、ビジネスマンとしての熱意と父親としての愛情を込めて、息子に30通の手紙を書いたのです。そこには生き方、働き方などについて、あふれるばかりの愛情に満ちたアドバイスが書かれていました。

私は、課長になった2年目にこの本を読み、父親の息子に対する愛情の深さとビジネスパーソンとしてあるべき心得を教えられ、それまで読んだどの本よりも感動しました。私は6歳で父を亡くしていましたから、父親の愛情に満ちたその本を読んだ衝撃は、なおさら大きかったのです。

まさに「一人の父親は百人の教師に勝る」です。

私は課長になりたての時にこの本に出合えた幸運に感謝したものでした。

もし機会があったら、ぜひ一度読んでみてください。

佐々木常夫　ささき・つねお
株式会社東レ経営研究所　特別顧問

1944年秋田県生まれ。1969年東京大学経済学部卒業、同年東レ入社。長男の自閉症に続き、肝臓病とうつ病を併発した妻が何度か自殺未遂をする。看病・育児・家事のすべてを１人でこなすため、課長時代より大幅な仕事の効率化を図り、自身はもとより、部下全員を定時に帰すマネジメントでチームを牽引。大阪・東京と６度の転勤、破綻会社の再建やさまざまな事業改革などで多忙を極めるなか、数々の大きなプロジェクトを成功に導いた。

2001年、東レ同期トップで取締役就任。2003年に東レ経営研究所社長、2010年より同研究所特別顧問となる。内閣府の男女共同参画会議議員や大阪大学客員教授の公職も歴任。

著書に、『ビッグツリー』『そうか、君は課長になったのか。』『部下を定時に帰す「仕事術」』『これからのリーダーに贈る17の言葉』『働く君に贈る25の言葉』（WAVE 出版）、『「本物の営業マン」の話をしよう』（PHP 研究所）がある。

オフィシャル WEB サイト　http://sasakitsuneo.jp/

編集協力　福光 恵
ブックデザイン　渡邊民人、小林祐司、森田祥子（TYPEFACE）
写真　関口達朗（朝日新聞出版　写真部）

メンターBOOKS《ブックス》
課《か》長《ちょう》ビギナーのFAQ《エフエーキュー》

2013年6月30日　第１刷発行

著者　佐々木常夫《ささきつねお》
発行者　須田 剛
発行所　朝日新聞出版
〒104-8011
東京都中央区築地5-3-2
電話 03-5541-8833（編集）
電話 03-5540-7793（販売）
印刷所　大日本印刷株式会社

Published in Japan by Asahi Shimbun Publications Inc.
ISBN 978-4-02-331206-7

定価はカバーに表示してあります。

落丁・乱丁の場合は弊社業務部（電話03-5540-7800）へご連絡ください。

送料弊社負担にてお取り替えいたします。